O que falta para você ser feliz?

CARO LEITOR,

Queremos saber sua opinião sobre nossos livros.

Após a leitura, curta-nos no facebook/editoragentebr,

siga-nos no Twitter @EditoraGente e visite-nos no site www.editoragente.com.br.

Cadastre-se e contribua com sugestões, críticas ou elogios.

Boa leitura!

DOMINIQUE MAGALHÃES

O que falta para você ser feliz?

Gente editora

Gerente Editorial
Marília Chaves

Assistente Editorial
Carolina Pereira da Rocha

Produtora Editorial
Rosângela de Araujo Pinheiro Barbosa

Controle de Produção
Fábio Esteves

Assessoria Editorial
Gilberto Cabeggi e Priscilla de Sá

Preparação
Entrelinhas Editorial

Projeto gráfico
Neide Siqueira

Diagramação
Join Bureau

Revisão
Malvina Tomáz

Capa
Pedro Oliveira

Rua Pedro Soares de Almeida, 114
São Paulo, SP - CEP 05029-030
Telefone: (11) 3670-2500
Site: http://www.editoragente.com.br
E-mail: gente@editoragente.com.br

Este livro foi impresso pela Prol Gráfica
em papel *norbrite plus 66,6 g.*

Dados Internacionais de Catalogação na Publicação (CIP)
(Câmara Brasileira do Livro, SP, Brasil)

Magalhães, Dominique
O que falta para você ser feliz? / Dominique Magalhães. – São Paulo : Editora Gente, 2014.

ISBN 978-85-7312-941-0

1. Autoajuda – Técnicas 2. Autoconhecimento 3. Conduta de vida 4. Felicidade – Aspectos psicológicos 5. Realização pessoal I. Título.

14-00754 CDD-158

Índices para catálogo sistemático:
1. Felicidade : psicologia aplicada 158

"Dominique Magalhães tem mesmo o DOM de trazer felicidade àqueles que a cercam, pois, além de contemplar a todos com doses generosas de alegria, sua presença marcante nos faz perceber que a felicidade pode ter diferentes contornos e sempre acolhe quem está disposto a vivê-la. Dom tem, como poucos, força e coragem para ser feliz!"

Helen Queiroz, poetisa e educadora

"Está nascendo uma nova escritora. Dominique Magalhães será sem dúvida um sucesso na área: inteligente, alegre, linda. Seja feliz!"

Júlio Rego, consultor de moda responsável pelo figurino do *Programa do Jô*

Dedico este livro a Lara Jhúlia,
minha filha, que imprimiu um novo
sentido à minha vida ao me dar a
honra de exercer o dom de ser mãe.

Agradecimentos

Agradeço, em primeiro lugar, a meus pais Carlos Augusto e Glorinha, que me deram o essencial nesta vida: caráter e fé.

Aos meus irmãos, Carlos (Du), em especial à querida Patrícia, o recheio do nosso sanduíche – a filha do meio –, que, com sua simplicidade, sempre esteve ao meu lado. Aos meus avós paternos, dona Jhúlia e seu Arindal, que me ensinaram a força do espiritismo por meio da caridade e do amor.

Aos meus avós maternos, Ladir de Souza e Geraldo Afonso. Ela me ensinou a quebrar tabus, e ele me ensinou a "firmar o pensamento" no que é importante para mim.

A Jesus Cristo, fonte de inspiração e esperança.

Aos professores que me deram carinho e tiveram paciência comigo. E, principalmente, aos que não me deixaram me acomodar em minhas limitações, exigindo sempre mais de mim.

Quero registrar meu carinho especial pela Laureci Beletti, professora de Literatura, que despertou em mim o gosto pelos livros e viagens e reforçou em nós, seus alunos, a necessidade de aproveitar a vida, escrevendo diariamente na lousa *carpe diem*.

À psicóloga Claudia Quadros, que me apoiou em todas as horas – até mesmo nas altas horas – nas viagens

Direta e indiretamente, agradeço à minha equipe de amigos e colaboradores da Dom Produções Criativas, em especial à minha fiel escudeira "Val", não esquecendo da amiga e *web coach* Vivi Reis.

À equipe da Editora Gente, agradeço de coração o zelo com esta obra e ainda mais com esta autora, nem sempre fácil de lidar...

Obrigada ao Gilberto Cabeggi, que mesmo a distância contribuiu com pesquisas e supervisão, e à *coach* Priscilla de Sá, que me ajudou a manter o foco.

Sobretudo, gratidão eterna ao meu conselheiro Roberto Shinyashiki, que me motivou a resgatar o melhor das minhas memórias e ideias para compor este livro.

Por fim, mas não menos importante, agradeço a todos os meus amigos, cujos nomes não caberiam todos nestas páginas.

Não posso deixar de agradecer também a todas as pessoas que me disseram "não"; sem querer, elas me impulsionaram a chegar até aqui. E é por todos vocês fazerem parte da minha vida que eu sei que este é apenas o começo de uma história maravilhosa.

Sumário

1

A felicidade exige coragem

A felicidade não é feita de momentos de alegria. A felicidade é feita da sensação de que sua vida vale a pena, para você e para os outros.

Amanda é assistente administrativa em uma grande firma de contabilidade. Há três anos, todos os dias ela acorda no mesmo horário, reclama do frio (ou do calor) enquanto está na condução lotada, mas se conforma, porque "vida de pobre é assim mesmo".

Ela sai para almoçar ao meio-dia, come no mesmo restaurante e com alguma culpa, pois acha que está acima do peso. Queria ser mais magra, mas é muito difícil pensar em fazer exercício quando se trabalha em período integral; ela não tem tempo para isso e já se sente tão cansada que desiste da ideia antes mesmo de começar.

Seu noivo há mais de cinco anos, André, não é um homem maravilhoso. Na verdade, faz um bom tempo que ele deixou de parecer alguém com quem ela sairia, e seus fins de semana se resumem a algumas visitas a parentes e muitas horas assistindo à televisão juntos.

Amanda sempre sente que falta alguma coisa na sua vida, apesar de racionalmente achar que tem tudo: um bom emprego, uma casa confortável e, o que é mais raro hoje em dia, um companheiro fiel.

Apesar disso, há um grande vazio; faltam cor e sabor em tudo o que faz. Sua vida é uma vida comum. No entanto, será que ser comum é mesmo algo bom?

Para tentar romper o tédio, na virada do ano ela fez uma lista de atividades que pretendia começar: estudar espanhol, aprender dança do ventre, fazer terapia... Chegou a pesquisar preços e horários, mas ainda não fez nada além disso.

Sente-se culpada por querer mais da vida, mas também amarga a culpa por querer tão pouco. Sente-se culpada por não querer fazer nada além de se largar na frente da televisão quando o dia acaba. Sente-se culpada por não fazer o que deveria nem o que gostaria de fazer por ela mesma. Nessa história "nem lá nem cá", os dias se passam e a vida parece cada vez mais vazia.

A história de Amanda lhe parece familiar?

A inquietação que ela sente é a mesma que todos sentimos. Afinal, o ser humano tem o impulso de buscar a felicidade e não se conforma em ter menos do que isso.

Não se engane: se você sente que falta algo, identificado ou não, são seu instinto de sobrevivência e sua alma dizendo, com razão, que "você pode ser mais feliz".

Nesta vida, somente quem aprende a viver bem pode ter sucesso, felicidade, alegria de viver, amigos leais, família inspiradora e um amor de verdade.

Como diz o psiquiatra Roberto Shinyashiki, "sucesso sem felicidade é fracasso com dinheiro". Quero os dois para você: muito sucesso e muita felicidade... Por isso escrevi este livro: para dizer e provar que você não tem de abrir mão de nada que vale a pena na vida.

Sua vida não deve ser uma simples continuação do seu passado. Se você olha para o que passou e fica desiludido, quero lhe dizer que nem tudo está perdido. Ainda é possível dar um novo rumo à sua história e encontrar a realização, de agora em diante.

Eu passava dificuldades em Carangola, no interior de Minas, mas ia levando a vida. Até que um dia, o que era ruim ficou pior e eu vi que não tinha cinquenta centavos para comprar leite para minha filha. Esse foi o fato decisivo que me convenceu de que eu precisava ir para o Rio de Janeiro e criar a vida que eu sonhava para minha família.

Então, não importa quanto esteja doendo viver o que vive agora, não deixe a vida que você tem impedi-lo de criar a vida que merece.

É urgente afirmar isso logo no começo desta obra, porque constatei que, lamentavelmente, a maioria das pessoas desperdiça as oportunidades de ser feliz apenas porque, de frustração em frustração, a alma humana corre o risco de se fechar para o novo.

Lembro-me de ter visto pessoas reduzirem a própria existência a uma interminável lista de obrigações, por se julgarem incapazes de alcançar a realização pessoal, ou por não se considerarem merecedoras das coisas boas que poderiam viver.

É muito frustrante ver pessoas que perderam o brilho no olhar porque foram convencidas de que sonhar é para crianças, para lunáticos ou para bem-nascidos.

Talvez você seja uma das mulheres de sucesso que se perguntam: "Tanto sacrifício vale a pena?", ou um daqueles rapazes angustiados que sentem um vazio depois de mais uma conquista que dura somente uma noite.

Vejo mulheres de negócios que têm a agenda tão fechada que não sobra tempo para o destino ajudá-las a encontrar o amor da sua vida. É preciso reservar um tempo em sua agenda para receber a felicidade. É preciso dar uma chance para o amor acontecer.

Assisto a homens de sucesso o tempo todo hipnotizados por seus objetivos, a ponto de se tornarem anestesiados para a possibilidade de sentir o afeto que têm pelos filhos.

É comum ver jovens que não percebem que a tristeza vem de abrir mão da verdadeira vocação, para fazer coisas que os levem a ser aplaudidos pelos pais.

Conheço pessoas que não veem sentido naquilo que fazem todos os dias, mas pensam que o único jeito de não sofrer é se entregar a uma vidinha mais ou menos, a tal da "vida tranquila", sem grandes sobressaltos.

Elas não sofrem muito, mas também não vivem muito, e vão levando uma existência morna e sem sentido. Isso me lembra uma frase do ex-presidente dos Estados Unidos Theodore Roosevelt: "É muito melhor arriscar coisas grandiosas, alcançar triunfos e glórias, mesmo expondo-se à derrota, do que formar fila com os pobres de espírito que nem gozam muito nem sofrem muito, porque vivem nessa penumbra cinzenta que não conhece vitória nem derrota".

Uma das minhas atividades profissionais é atender a solicitações especiais, como reservar restaurantes, organizar viagens, agendar consultas, comprar presentes ou encontrar roupas para determinada ocasião.

Durante anos atendendo às vezes pessoas de alto poder aquisitivo, percebo que alguns deles projetam em uma viagem, por exemplo, a expectativa de uma semana de felicidade.

O que tenho vontade de dizer a eles é que a felicidade que tanto buscam não está fora deles nem longe; está dentro deles mesmos e deve embarcar na viagem junto com eles!

Adoraria organizar mais viagens para pessoas que querem dar a si mesmas um tempo para refletir se sua vida está verdadeiramente respeitando seu dom. Nesse sentido, promovo viagens em parceria com a psicóloga Claudia Quadros, fundadora da escola Trilha dos Lobos. Penso que seria maravilhoso se todo mundo, ao menos uma vez na vida, se permitisse embarcar em uma experiência mais espiritual e menos consumista.

Pare e pense um pouco: suas viagens são momentos de vida ou simplesmente servem para recarregar suas baterias, para depois você voltar a viver uma vida sem alma?

Ninguém pode ser feliz se não encontrar o que faz o coração bater mais forte. E todos nós sabemos como é esse sentimento: ele passa por nós em cada momento importante e em cada decisão que mudará a nossa vida. Esse pulsar da vida é necessário para nos sentirmos bem e ganhar energia para seguir em frente.

Contudo, o comportamento da desistência, por mais triste que seja, ainda é muito comum e transparece em todas as áreas da vida.

Há quem se acomode em uma relação falida, por medo da solidão, e com isso aniquile a possibilidade de conhecer a pessoa que lhe devolveria o colorido da vida a dois.

Outros se enganam, acreditando que ousar é para quem tem muito dinheiro e pode correr riscos. E com isso se tornam escravos de um estilo de vida insano, porque resumem seus objetivos a contas a pagar e metas de objetos a possuir.

Tem gente, ainda, que se condena a um trabalho enfadonho porque acha que é tarde demais para começar de novo. E tem gente viciada no sucesso profissional, ou no conforto do salário que ganha, mas que trava uma verdadeira batalha contra o desânimo todas as manhãs.

Muitos exibem conquistas, mas no fundo não se convencem delas e sentem que são uma fraude, porque nada na sua estante de troféus reflete seu eu verdadeiro nem satisfaz sua alma.

E ainda existem aqueles que pensam que ser feliz é para um futuro distante, para quem já cumpriu com os papéis sociais. Gente que pensa em deixar para se ocupar da própria vida quando os filhos estiverem criados, a casa quitada ou na aposentadoria.

Entretanto, será que quem pensa assim consegue levar o raciocínio mais longe, para quando esse dia chegar finalmente, se chegar? Terão se passado tantos anos que talvez já não restem mais saúde, vigor e desejo para a felicidade.

Afinal, uma vida frustrante cobra seu preço, na saúde física e psicológica.

A maioria das pessoas vive adiando as decisões que as fariam felizes para valer. E a verdade mais cruel é que muitas delas só despertam depois que sofrem um baque da vida, como um infarto, um acidente, uma demissão ou uma traição conjugal.

Essas pessoas não percebem que um pouco mais de coragem lhes devolveria a paixão de abraçar os desafios que nutrem a alma e daria mais sentido à vida.

Para mim, o minuto em que entrei naquele ônibus em Carangola, rumo ao Rio de Janeiro, era um momento de tudo ou nada. Quando olhei para trás, o que vi não foi a cidade que deixava, mas um estilo de vida que não tinha nada a ver com minha alma.

Confesso que senti angústia assim que cheguei ao Rio de Janeiro, pois o desconhecido sempre nos amedronta. Depois, porém, a sensação foi de grande alívio porque eu havia decidido que aquele lugar seria o palco de uma nova forma de viver.

Ali nasceu uma nova pessoa disposta a batalhar tanto quanto em Carangola, mas eu acreditava que poderia ter uma vida melhor, tanto para mim quanto para minha filha Lara e minha família.

Posso dizer que Lara foi fundamental para minha mudança de vida, e é por isso que lhe dedico este livro. Se não fosse o amor que sinto por ela, talvez hoje estivesse reclamando de uma vida sem oportunidades.

Saiba que abrir os horizontes da vida não acontece somente para os predestinados. Todos têm a possibilidade de viver a vida dos sonhos, e você não é uma exceção.

Saiba que abrir os horizontes da vida não acontece somente para os predestinados.

Tenho certeza de que você não precisa trabalhar ainda mais do que já trabalha para realizar suas metas. Tudo de que precisa é uma nova visão da vida.

Minha professora Tania Caldas costumava parafrasear, em suas aulas de química, uma citação do Walt Disney para explicar que tudo o que o homem pode sonhar, ele pode realizar.

Essa frase serviu de apoio para mim em momentos de angústia e sempre me fez dar mais um passo adiante. Esse empenho me fez construir uma vida melhor para mim e para as pessoas que amo.

Quando penso nisso, sinto-me privilegiada por não ter perdido a fé na nossa capacidade de ser felizes, seja lá por que motivo for. E quero muito partilhar com você este meu jeito de ser, esta minha certeza de que ainda é possível ser feliz.

Por isso o convido a se lançar na jornada rumo a uma nova realidade, plena de significado e prazer. Sei que mudar dói, mas ficar como está e levar a vida nesse marasmo, delegando ao destino ou aos outros a responsabilidade pela própria felicidade, vai doer muito mais ao longo do tempo.

Entendo que pode não ser fácil abandonar seu castelo de certezas em meio a tudo o que você vem enfrentando, mas é preciso acreditar no seu poder de se superar; é preciso se dar uma chance de recontar sua história e reescrever seu destino.

Talvez você seja a mulher forte à frente de um grande negócio, mas que não sente prazer em mais nada. Porque tudo o que quer é virar a mesa, dar a volta ao mundo e encontrar um amor, mas tem medo do que os outros vão pensar ou dizer de você.

Quem sabe você é o homem que abriu mão da profissão dos sonhos para sustentar os pais, dar estudo aos irmãos, mas que se pega imaginando como a vida poderia ter sido diferente.

Ou pode ser o jovem que se sente um peixe fora d'água e, para tentar ser aceito na turma, já fez coisas das quais se arrependeu.

Qualquer que seja sua situação, acredite que você não veio ao mundo simplesmente para sobreviver, mas sim para exalar vida por todos os poros e fazer a diferença por onde passar!

Quero deixar claro que é o medo de mudar, de não agradar, de ser rejeitado ou de fracassar que impede alguém de viver plenamente. Ter medo de ser rejeitado é viver em função do que os outros esperam de você. E viver as expectativas dos outros é que traz sua infelicidade.

Fugir do seu real propósito de vida abala seu amor-próprio, diminui seu poder de realização e o afasta da verdadeira satisfação. E mesmo quando você conquista vitórias inimagináveis para a maioria das pessoas, ainda assim sente que deve algo ao mundo – pior ainda: sente que deve algo a você mesmo.

Então, se alguma coisa está perturbando seu sono, vá buscar a solução. Não se acomode com o que não o faz feliz, não aceite as coisas só porque dá trabalho mudar. Pois ser feliz começa quando você decide banir de seu discurso o "sempre foi assim e por isso vai continuar a ser assim".

Encare o desafio de conhecer a si mesmo, de viver seu dom, de superar obstáculos e de ser reconhecido por isso.

Rejeite os sonhos de segunda mão e faça questão de buscar aqueles que dão sentido à sua existência. Descarte os sonhos que são dos outros e faça questão de buscar e viver aqueles que são realmente seus. Você merece ter uma vida apaixonante!

Essa tal felicidade

"Vamos precisar de todo mundo
pra banir do mundo a opressão.
Para construir a vida nova,
vamos precisar de muito amor.
A felicidade mora ao lado
e quem não é tolo pode ver..."

(*O sal da terra* - Beto Guedes)

Você já observou uma pessoa feliz? Eu sei que na empresa em que trabalha, no seu condomínio ou na sua família tem alguém para quem tudo parece fácil.

Pessoas felizes costumam até transmitir a impressão de não terem problemas ou mesmo de não se importarem com eles. À primeira vista, parecem até meio acomodadas, ou que dão pouca importância para a realidade da vida. Há quem olhe para elas com desconfiança: "Não é possível que para ela não haja tempo ruim!" ou "Ele deve estar fazendo o jogo do contente" ou ainda, "Ele só quer me impressionar".

Quando eu era criança em Carangola, minha família passou por dificuldades financeiras e algumas vezes tivemos a luz de casa cortada por falta de pagamento.

Contudo, espere! Antes que sinta pena de mim, quero que saiba que aqueles foram alguns dos melhores dias da minha vida. Para nos distrair – a mim e a meus dois irmãos –, meus pais tratavam de nos entreter contando histórias antigas da família, lendo livros espíritas e rindo das "aprontações" da minha mãe, Glorinha.

Aquelas noites na varanda eram tão divertidas, que eu nem sentia falta de televisão – e olha que eu sempre adorei TV. Também não me lembro de ter sofrido com os banhos frios que tive de tomar – a solução, um tanto divertida, era dançar debaixo da água gelada.

Penso que herdei do meu pai, em especial, o dom de encontrar um jeito de ficar alegre, mesmo nas situações difíceis, e muita gente deve me achar meio doida por ser assim.

Essa passagem da minha vida me mostrou que é possível ser muito feliz, independentemente de quanto você tem ou deixa de ter. No entanto, também fiquei com uma pergunta na mente: por que, para algumas pessoas, a felicidade parece tão simples e acessível, enquanto para outras surge como um sonho muito distante?

Estudando pessoas que se dizem felizes a maior parte do tempo, descobri que a felicidade não tem nada a ver com um jeito Pollyanna de ser – lembra-se de Pollyanna? Aquela personagem que só via o lado positivo das tragédias.

As pessoas felizes têm problemas, desejos, ambições, frustrações. Muitas vezes, por trás de um sorriso, elas vivem um drama familiar ou têm problemas de saúde. Devo confessar que, agora mesmo, enquanto escrevo este livro, estou lutando contra uma anemia crônica, que vira e mexe tenta me derrubar – mas não consegue, porque não permito.

O que essas pessoas felizes têm é um jeito diferente do da maioria de lidar com isso tudo. É que, enquanto muitos apenas passam pelos problemas, elas ultrapassam os problemas. Em outras palavras, não encaram as dificuldades como barreiras intransponíveis, mas sim como simples degraus a ser galgados. E seguem em frente.

Pessoas felizes não dependem das circunstâncias para nutrir um estado de felicidade básica, mas também não

Pessoas felizes não dependem das circunstâncias para nutrir um estado de felicidade básica, mas também não são assim por acaso. A felicidade não lhes aconteceu. Ao contrário, elas fizeram por merecer a vida prazerosa que têm.

são assim por acaso. A felicidade não lhes aconteceu. Ao contrário, elas fizeram por merecer a vida prazerosa que têm.

O que descobri é que elas seguem princípios que as guiam até a felicidade. E que esse estado de espírito depende de uma construção consciente. Portanto, está disponível para qualquer pessoa que esteja disposta a encarar a missão de desenhar a própria versão do que é ser feliz.

O curioso é que a atitude mental da felicidade não tem relação nenhuma com a conta bancária, como você pode reparar nas histórias de pessoas felizes de todas as camadas sociais.

É muito simples identificar pessoas felizes... Provavelmente você conhece uma ou mais pessoas que são assim:

- *assobiam sem vergonha;*
- *cantam em voz alta;*
- *inspiram os outros a se abrirem;*
- *falam a verdade;*
- *não precisam ter sempre razão;*
- *cuidam da saúde;*

· não têm neuras com o próprio corpo;

· aproveitam os momentos de lazer;

· aprendem com os erros;

· riem de si mesmas;

· são gentis;

· se permitem ficar à toa sem culpa;

· não precisam agradar a todo custo;

· tratam bem o garçom;

· curtem o sol;

· curtem a chuva;

· aceitam elogios;

· ouvem críticas;

· dizem não com naturalidade;

· dizem sim quando estão com vontade;

· dão um jeito de melhorar o ambiente;

· sentam-se à mesa com os subordinados;

· defendem ideais;

· contam piadas;

· compartilham o que descobrem;

· guardam segredos;

· inventam a própria dança;

· admiram sem invejar;

· têm fé;

- *encaram a realidade;*
- *dançam na sala de casa;*
- *ficam bem na própria companhia;*
- *adoram gente;*
- *param para ouvir os pássaros;*
- *brincam com crianças e cachorros;*
- *são otimistas;*
- *não têm vergonha de se emocionar;*
- *apaixonam-se;*
- *adaptam-se a mudanças;*
- *não vivem tentando mudar os outros;*
- *respeitam sua origem;*
- *têm mais sonhos que pesadelos;*
- *não alimentam fofocas;*
- *não guardam mágoas;*
- *fazem o bem sem olhar a quem;*
- *e ficam tristes de vez em quando.*

Você se parece com esse tipo de pessoa?

Este livro é sobre felicidade. Mais ainda, é sobre como você pode encontrar o que falta para ser feliz agora.

2

A epidemia da infelicidade

Quando comecei a trabalhar vendendo seguros em um banco, fiquei chocada com a quantidade de pessoas que tinham abandonado seus sonhos.

Elas viviam reclamando da vida, culpando os outros pelos próprios fracassos e, o pior: procuravam me convencer de que o caminho inevitável da vida era a frustração e a mediocridade.

Eu sempre fui muito risonha, e uma cliente em particular parecia se incomodar muito com isso. Toda vez que aquela senhora ia ao banco, fazia questão de tentar me pôr para baixo:

– Espere só até você chegar à minha idade... Você vai ver o que é ser velha! Eu já fui jovem e bonita como você... E olha o que me restou! – dizia com um olhar ameaçador, o dedo em riste e os ombros curvados, enquanto mostrava o extrato bancário.

A única blindagem que eu usava, meu antibaixo-astral, era o meu sorriso.

Até hoje ainda percebo que as pessoas mantêm essa mania de reclamar da vida, culpar os outros por suas frustrações e aconselhá-los a aceitarem a mediocridade. Para elas parece que a infelicidade é uma sina inevitável.

Adoro conversar com quem ganha a vida lidando com pessoas. Ao escutar médicos, professores, cabeleireiros, terapeutas e garçons, é possível ouvir quem conhece um pouco da alma das pessoas.

Pergunte a qualquer um que ganhe a vida ajudando gente e a resposta será uma só: as pessoas estão infelizes.

Um amigo médico me contou que boa parte dos casos que aparecem em seu consultório resolve-se com paracetamol e uma boa conversa. O curioso é que, pela experiência dele, é a boa conversa o fator que mais contribui para o alívio dos sintomas. As pessoas só querem ser ouvidas, pois isso traz a felicidade de se sentirem cuidadas.

O fato é que vivemos em uma sociedade que parece ter chegado ao limite da carência, do egoísmo e da amargura – e isso gera um isolamento muito grande.

Não preciso ir muito longe para dar provas disso: veja o comportamento das pessoas em lugares públicos. Ninguém aparenta querer conversar, e hoje em dia o celular parece ser mais do que suficiente como companhia e refúgio.

No transporte coletivo, por exemplo, além de pessoas exaustas, que tentam completar a noite de sono insuficiente, há as que se escondem por trás do jornal, de aparelhos de MP3, tablets etc.; querem estar a par do que acontece no mundo, mas não querem saber a quantas anda a vida do passageiro ao lado.

Muitos são os que buscam contato seguro e superficial nas redes sociais, enquanto outros tantos se refugiam nas canções que ouvem sozinhos em seus aparelhos eletrônicos. Há, ainda, os que se protegem em um mundo interior inacessível, ostentando um olhar perdido, a cabeça tombada para um lado, em um estado de quase transe.

Atos de gentileza são cada vez mais raros nesses ambientes. É comum fingir que não viu a senhora carregada de pacotes, o idoso com as pernas cansadas ou as crianças que não têm onde se segurar, para não se sentir na obrigação de ceder sua poltrona a essas pessoas.

No trânsito, no estacionamento do shopping e na fila do banco não é diferente.

Nas mais diversas situações cotidianas, o que impera é o "salve-se quem puder". Cada um defendendo o próprio espaço, como se fosse tolice um cidadão ceder um pouquinho de seu conforto para o menos favorecido.

De repente, sem nos darmos conta, começamos a nos comportar de maneira egoísta e intolerante, mesmo que, em essência, essa atitude seja contra tudo aquilo em que acreditamos e trabalhe contra a nossa própria felicidade.

> *É difícil acreditar que tratar os outros com grosseria, egoísmo e até crueldade esteja na lista de princípios de tanta gente, sem que elas próprias percebam isso.*

De que adianta colar em nosso automóvel um adesivo que estimula a paz no trânsito, se agimos como o centro do universo quando dirigimos? Ou pregar a prática da gentileza, se começamos a acelerar antes mesmo de as pessoas terminarem de atravessar a rua?

Para mim, é difícil acreditar que tratar os outros com grosseria, egoísmo e até crueldade esteja na lista de princípios de tanta gente, sem que elas próprias percebam isso.

Se confrontarmos qualquer um que comete essas falhas, ele jamais diria que preza por isso.

Aí está meu ponto de vista: quando uma pessoa começa a agir contra os próprios princípios, já se deixou contaminar pela epidemia da infelicidade. Ao violar o código de conduta individual, aquilo que acreditamos ser benéfico e certo, ficamos de mal com nós mesmos. E quem não gosta de si mesmo, não pode ser feliz.

O que me deixa mais indignada é ver que estamos adotando a rabugice como atitude básica diante da vida. Tanto isso é verdade que estranhamos quando uma pessoa alegre demais cruza nosso caminho, ou começamos a procurar defeitos em quem nos parece estar muito bem – essa pessoa vira motivo de piada para "os normais"!

Certa vez, no trânsito, o táxi em que eu estava emparelhou com outro carro. Ao olhar naturalmente para o lado, vi que a motorista cantava alto e gesticulava bastante, mesmo sozinha. Achei graça no seu jeito despreocupado e comecei a imaginar o que teria acontecido de tão bom àquela jovem.

O taxista também observava a moça e interrompeu meu devaneio com um comentário no mínimo infeliz: "Deve estar bêbada!".

Embora tenha sido preconceituoso, não o recrimino pela dedução maldosa. Afinal, o comportamento esperado no trânsito caótico de uma capital brasileira é o de intolerância, traduzida em xingamentos, socos no volante e buzinadas estridentes.

Nessas circunstâncias, qualquer manifestação de prazer pode ser facilmente confundida com sintoma de insanidade mental ou embriaguez...

Além disso, se prestarmos atenção, veremos que poucas são as pessoas que parecem contentes de verdade sem nenhum estímulo, seja momentâneo seja artificial, como acontece nas baladas.

Infelizmente, da mesma maneira que me deixei contagiar pela alegria da cantora do carro vizinho, muita gente tem se deixado contaminar pela tristeza das pessoas que estão à volta.

Você já reparou como o ser humano tem sido "reclamão"?

No banco, a caixa reclama para a colega que a escala de trabalho é injusta. Enquanto almoçam no restaurante à *la carte*, executivos se queixam das metas inatingíveis impostas pela direção da empresa; e na fila do restaurante por quilo seus funcionários se queixam da mudança do convênio médico.

Professores, pais e alunos reclamam em coro que as férias não deram para nada...

Até no salão de beleza, que é lugar de se sentir bem, as clientes parecem competir por desgraça. Uma elogia o cabelo da outra, ao que esta responde: "Ah, mas minhas unhas nunca estiveram tão fracas...".

Definitivamente, tornou-se mania ter uma queixa na ponta da língua. Assim não dá mesmo para ser feliz!

Parece até que a infelicidade se tornou uma epidemia! Aposto que você conhece uma ou mais pessoas que estão assim:

- *não admitem erros;*
- *olham feio para quem ri alto;*
- *têm diálogo interno negativo;*
- *não conseguem virar a página da vida;*
- *não param para apreciar uma flor;*
- *embebedam-se em vez de degustar uma bebida;*
- *empanturram-se em vez de saborear a comida;*
- *desqualificam a casa, o carro e o trabalho;*
- *não sabem receber elogios;*
- *não toleram críticas;*
- *ignoram trabalhadores de uniforme;*
- *preocupam-se demais com a opinião alheia;*
- *não são lembradas quando fazem aniversário;*
- *não lembram o aniversário dos outros;*
- *queixam-se do calor;*
- *queixam-se do frio,*
- *arrependem-se do que compram;*
- *vivem endividadas;*
- *são adeptas da economia porca;*

- *são fofoqueiras compulsivas;*
- *só enxergam defeitos nas pessoas;*
- *roem-se de inveja;*
- *maltratam animais;*
- *fazem cara de nojo para a comida que lhes é servida;*
- *atravessam a rua para não cumprimentar um conhecido;*
- *sempre têm uma tragédia para contar;*
- *acham que o mundo lhes deve alguma coisa;*
- *complicam até as coisas mais simples;*
- *odeiam os domingos;*
- *também odeiam a segunda-feira e todos os dias da semana;*
- *empurram com a barriga;*
- *culpam o chefe;*
- *culpam o clima;*
- *culpam o governo;*
- *culpam os pais;*
- *culpam o sistema;*
- *culpam os astros;*
- *culpam a si mesmas;*
- *culpam a Deus;*

· terceirizam a criação dos filhos;

· terceirizam o cuidado com os cães;

· terceirizam a vida sexual que deveriam ter com o cônjuge;

· não gostam do corpo que têm;

· desconhecem seus pontos fortes;

· generalizam os eventos ruins;

· buscam o sucesso como forma de vingança;

· jogam baldes de água fria em quem está feliz e animado;

· e quando ficam felizes, dão um jeito de estragar tudo...

Talvez você esteja se perguntando: "Por que tanta amargura e descontentamento?".

Antes de falar sobre as causas da infelicidade, quero convidar você a refletir sobre algumas questões:

- Como tem se sentido no meio de pessoas alegres?
- Como o humor das pessoas tem afetado você?
- Você passa a maior parte do tempo cercado de pessoas de bem com a vida ou perto de pessoas ranzinzas?
- Contra qual pessoa mal-humorada você pode se blindar?

- De qual pessoa de bem com a vida você pode se aproximar?

Agora que já deu para perceber que a infelicidade é um mal altamente contagioso, note de que modo ela tem atacado mulheres, homens e até mesmo crianças.

As mulheres estão infelizes

Tenho uma pequena empresa de audiovisual, a Dom Produções Criativas, na qual tenho oportunidade de conhecer pessoas interessantes e de entrevistar gente famosa.

Certa vez, estava cobrindo um importante evento de moda e conversei com uma modelo bem-sucedida, cujo nome é melhor não citar aqui, para protegê-la da exposição.

Como sempre, terminei a entrevista com a pergunta que me acompanha desde a infância e que, como você verá adiante, me ensinou o que aprenderá aqui sobre felicidade:

"Qual é o seu dom?"

O que acontece quando faço essa pergunta é sempre revelador. Em geral, as pessoas deixam de lado a cara de desânimo e seus olhos passam a brilhar, ou então elas ficam confusas, pois nunca se sentiram dotadas de um dom, ou pelo menos nunca pensaram sobre isso.

Ao contrário da maioria dos entrevistados, que costuma responder que o seu dom está ligado ao que faz profissionalmente, a modelo pareceu ter sido pega de surpresa e levou alguns segundos (o que em vídeo parece uma eternidade) para puxar pela memória e responder:

– É Medicina!

Daí, quem ficou atordoada fui eu:

– Como assim? Uma grife de roupa branca *fashion* para médicos? – perguntei em tom de brincadeira.

– Não! – ela explicou com um sorriso quase infantil. – Eu sempre quis ser médica! Desde criança, minha maior alegria era poder cuidar de alguém. Meu sonho era poder curar todos os doentes do mundo!

Impactada pela declaração tão vívida da modelo, voltei para casa pensando que destino ela daria àquele sonho antigo, com uma vida tão agitada entre as passarelas e os editoriais de moda internacionais.

Fiquei novamente surpresa e feliz quando, no evento seguinte, ela gritou para mim, de longe:

– Comecei!

Na hora entendi – e seu agente confirmou depois – que ela estava envolvida com os preparativos para o vestibular de Medicina.

Ela se mostrou tão determinada a trocar os vestidos de grife pelo jaleco branco, que deduzi que não fosse revê-la na passarela.

No entanto, algum tempo depois, eu a vi em outro desfile. Seu olhar transmitia certa tristeza, o que despertou em mim um pouco de angústia.

Depois de me apresentar a ela novamente, visto que não me reconheceu, perguntei-lhe sobre sua paixão, a Medicina. A resposta, acompanhada de certo ar de desdém, deixou-me um pouco perplexa:

– Eu disse que ia fazer Medicina? Não me lembro... mas, se você tem isso gravado, deve ser verdade.

Saí dali me questionando sobre o que aconteceu àquela mulher articulada e radiante. Ela não trazia mais o mesmo brilho no olhar e parecia emocionalmente anestesiada. Parecia estar perdida como quem havia afastado a alma dos próprios sonhos.

Parecia estar perdida, como quem pegou um caminho errado, e carregava um vazio na alma.

Pare agora por um minuto e responda: Será que seu estilo de vida respeita sua alma?

As pessoas costumam abandonar algo que têm de especial quando escolhem seus caminhos sem levar em conta o dom.

Como aquela modelo, milhares de mulheres estão cada vez mais insatisfeitas, como prova um estudo de 2009, feito por Betsey Stevenson e Justin Wolfers, da Universidade da Pensilvânia.[1]

Segundo o casal de economistas, nossas mães eram bem mais felizes que as mulheres de hoje, mesmo sem

---

[1] Que pode ser encontrado aqui (em inglês, acessado em 03/02/2014): <http://isites.harvard.edu/fs/docs/icb.topic457678.files/WomensHappiness.pdf>.

ter acesso às mesmas oportunidades de educação, saúde, trabalho e, sobretudo, a liberdade de escolha que se tem atualmente.

"Por mais coisas que eu conquiste, não consigo me sentir realizada. O que há de errado comigo?" Para os estudiosos do assunto, essa é a frase que traduz o conflito da mulher de nosso tempo.

Talvez algumas delas ainda não tenham se dado conta de que o que drena sua energia é o fato de que muitas conquistas se converteram em demandas sem sentido para a vida. Isso costuma acontecer quando nossas escolhas não estão orientadas para um propósito verdadeiramente apaixonante.

Agora, quero que você me acompanhe em uma pequena viagem no tempo.

Na época da minha avó Ladir (o que não faz tanto tempo assim), as mulheres não podiam votar. Elas também não podiam estudar e trabalhar sem o consentimento dos pais ou do marido.

Minha avó foi ousada para a época dela. Em um tempo em que as mulheres aguentavam caladas traições e abandonos, a dona Ladir pediu o desquite ao meu avô, que, por ser ferroviário e viver viajando, deixava-a sozinha tempo demais. A liberdade, para ela, valia mais que o *status* de mulher casada.

A realidade das amigas da minha avó, porém, era bem diferente. Se seus maridos julgassem que o trabalho estava prejudicando o desempenho delas nas atividades domésticas, eles próprios poderiam comparecer à empresa e rescindir o contrato das esposas.

A bem da verdade, até o começo dos anos 1960, ter um emprego representava para a mulher brasileira de classe média mais um passaporte para um bom casamento do que uma fonte de realização pessoal. Era na empresa que estavam os melhores candidatos a marido.

Depois de conquistado o "bom partido", a mulher parava de trabalhar e voltava para a rotina feminina, que se limitava ao cuidado com o lar e a família, ou seja: lavar, limpar, passar, engomar, organizar, cozinhar, servir, amamentar, curar, ninar, educar, conservar, preservar e enfeitar.

Esse cenário só começou a mudar a partir da invenção da pílula anticoncepcional e do advento do desquite, que deram à mulher mais controle sobre suas decisões, a começar pela maternidade.

Embora estivéssemos em plena ditadura militar, vivíamos o "milagre brasileiro", uma época de crescimento substancial que requeria muita mão de obra e, com isso, o mercado passou a absorver mais a força de trabalho feminina.

Ao mesmo tempo, a televisão entrou nas casas, mostrando um estilo de vida sedutor, o que impulsionou o consumismo e fez com que o salário da mulher se tornasse parte importante da renda familiar.

Apesar de ainda lutar por equidade (sabe-se que a média salarial das mulheres ainda está abaixo da dos homens em muitos estados brasileiros), a mulher hoje pode desfrutar de seus direitos, sem sofrer sanções por parte da polícia ou do governo, por exemplo.

No entanto, parece que uma parcela significativa da população feminina ainda não conseguiu se livrar da maior das punições: aquela que vem dela mesma.

No entanto, parece que uma parcela significativa da população feminina ainda não conseguiu se livrar da maior das punições: aquela que vem delas mesmas.

Conheço mulheres que se deixam escravizar pela culpa, ora por se dedicarem demais à carreira, ora por darem excessiva atenção à vida pessoal.

Sei de uma executiva de multinacional que nutre o desejo "inconfessável" de largar a diretoria, alcançada à custa de muitas horas extras, e arrumar um trabalho de meio período para poder se dedicar mais à família e aos cursos de História da Arte, um *hobby* que adora.

Contudo, ela chega a ter pesadelos com os comentários da rádio-corredor: "desertora", "jogou a toalha" ou "realmente o mundo corporativo não é lugar para mulherzinhas" e, por isso, vai congelando no ar-condicionado do escritório seu sonho de viver com mais leveza.

Imagino, em contrapartida, que você deve conhecer uma mulher que tem tudo para brilhar na carreira, mas que vacila diante da primeira dificuldade de ordem pessoal.

Uma febrezinha no filho ou uma discussão com o namorado se convertem em motivo forte o bastante para que ela falte à reunião que decidiria a tão sonhada promoção, parece que a vida é um eterno conflito entre esses dois lados da sua personalidade. Se ela não faltar já começa o coro de "Mãe desnaturada" ou "Você vai acabar ficando sozinha", das vozes que ela não consegue calar na mente.

Como nesses casos, muitas mulheres estão morrendo de vontade de dar uma guinada na vida, mas não encontram coragem para tomar uma atitude nesse sentido, pois vivem presas ao que os outros poderiam pensar ou dizer.

Muito da insatisfação da mulher deriva de uma ordem subliminar que exige que ela seja a profissional implacável, rica e bem-sucedida, sem deixar de ser a boa mãe e esposa de antigamente, e mais: terminar cada dia linda. Se conseguir também ser magra, então entrará para a lista das vencedoras.

O resultado de cobranças como essas, desprovidas de qualquer senso de realidade, é um número cada vez maior de mulheres que pensam ter nascido na época e no lugar errados, sentindo-se permanentemente inadequadas por não corresponderem ao ideal de perfeição e – pior – com medo de serem flagradas agindo como gostariam de agir.

Sem dúvida, as mulheres ainda estão infelizes!

O que elas ainda não perceberam é que a felicidade consiste em fazer escolhas segundo um chamado da alma e em ser capaz de assumi-las com firmeza e serenidade.

Isso só é possível quando conseguimos vislumbrar e aceitar todas as possibilidades de vida como opções válidas: a maternidade como opção, o casamento como opção, a carreira como opção. Opções, e não obrigações! Escolhas, e não imposições. Cada pessoa deve escolher aquilo que fala mais diretamente à própria alma.

A felicidade consiste em fazer escolhas segundo um chamado da alma e em ser capaz de assumi-las com firmeza e serenidade.

Qualquer estilo de vida que abrace sem levar em conta sua essência não poderá conduzi-lo a outro caminho que não o da frustração e da sensação infeliz de ser uma fraude.

Se você é mulher e vive angústia semelhante, acompanhe-me na jornada deste livro, pois o método que criei, batizado como Dom, tem ajudado gente como você a sair da ansiedade paralisante e a se dar uma chance de ser feliz.

Angústia, desesperança e tristeza, contudo, não são prerrogativas femininas.

Os homens estão infelizes

Desde os tempos medievais, e ainda hoje, o papel secundário da esposa faz com que a infelicidade pareça algo feminino, mas a verdade é que, até mesmo antigamente, muitos homens também eram infelizes.

O que dizer da angústia que tomava conta do pai de família que sabia que, por mais que se esforçasse, não conseguiria melhorar a condição de todos, uma vez que estava condenado a morrer na mesma classe social em que nascera?

Os homens atuais, contudo, estão mais infelizes do que nunca. Eles têm andado deprimidos, inseguros e acuados diante das transformações sociais das últimas décadas.

Com a falência do modelo de machão clássico, eles desconhecem os novos caminhos para o reconhecimento e se sentem pressionados a agradar de um jeito novo, que em geral não dominam.

Alguns ainda incorrem na velha tentação de acumular muito dinheiro e poder, como forma de construir segurança – não só financeira, mas afetiva! Na tentativa de impressionar a parceira, o que já não funciona. Pelo menos não com a mulher verdadeiramente autônoma.

Eles não sabem ainda que carros e joias não alimentam a alma de ninguém e que, para deixar alguém feliz, é preciso saber antes o que faz essa pessoa feliz. E para saber o que a torna feliz, é preciso enxergá-la, escutá-la e valorizá-la com atenção e com o coração.

Para alguns homens ainda pouco hábeis na expressão das emoções, os relacionamentos se tornaram uma fonte a mais de estresse.

Se você quer entender a cabeça da humanidade, assista às novelas das nove. Lembro-me de um personagem de um dos meus autores prediletos, Gilberto Braga, que ilustra bem o que quero dizer com infelicidade masculina. Havia um personagem muito popular na novela "Paraíso tropical", de 2007, O Olavo, tratava-se de um empresário na casa dos 40 anos, bem-sucedido, de boa família, educado, charmoso, enfim, que se encaixa no modelo que não se encontra aos montes em qualquer esquina.

Mesmo sendo o que minha avó chamaria de "bom partido", ele não tinha histórias de amor com final feliz para contar.

Depois de alguns relacionamentos fracassados, ele chegou à conclusão de que a melhor maneira de não sofrer era não se envolver emocionalmente.

Ele dizia que preferia sair com garotas de programa, porque delas não vinham cobranças; o preço a pagar pelo "namoro instantâneo" era acordado de antemão e mensurável em moeda.

Para ele as relações monogâmicas eram uma "fatura em aberto": nunca se sabe do que teremos de abrir mão para manter uma mulher. No entanto, claro, a história de Olavo mudou quando realmente se apaixonou (por uma garota de programa, a carismática Bebel).

Assim como o personagem, tenho visto muitos homens, até mais jovens, trancados para o afeto, fugindo de se envolver de verdade. Tenho um conhecido que sob o pretexto de "seguir a própria vida", passa a maior parte do tempo tentando se convencer e convencer a todos de que iniciar romances levianos com as mulheres é o melhor para ele.

Essa indisponibilidade é preocupante, porque somos seres gregários, o que significa que, para sermos felizes, precisamos vivenciar a magia de amar e ser amados.

Fora isso, o problema da insegurança invade todas as áreas da vida dos homens, pois, a partir de fatores sociais, o homem acaba se tornando cada vez mais fechado para não correr o risco de errar.

Tudo é percebido como fraqueza: assumir que não sabe algo, demonstrar sentimentos, ganhar menos que a parceira, faltar no trabalho para cuidar dos filhos. Isso não é comentado, mas a vida dos homens é extremamente vigiada em busca de falhas, que fazem a insegurança masculina ser uma grande causa de depressão.

E o amor, esse que alimenta a alma de todos os seres humanos, parte justamente de se permitir alguma vulnerabilidade, como afirma a pesquisadora da Universidade de Houston, Brené Brown[2], o que implica se deixar ver no mais íntimo, sem vergonha ou medo. A aceitação incondicional, afirma a pesquisadora, só é possível quando expomos nossa intimidade, com a certeza de que ela nunca será usada contra nós.

---

2 Mais informação pode ser encontrada no site da autora, em inglês: <http://brenebrown.com/>.

É isso – não o cargo que ocupamos ou o patrimônio que acumulamos – que nos faz sentir verdadeiramente importantes. São as relações enriquecedoras que diferenciam as pessoas felizes das muito felizes, como comprovou um estudo divulgado pelo *British Medical Journal* em 2008.[3]

Afinal, é nos vínculos afetivos que encontramos força para atravessar uma doença grave ou a perda de um emprego. É numa relação de entrega e confiança que conseguimos realizar o que chamamos de felicidade.

A triste realidade do personagem de novela e de tantos outros homens é que eles nunca vão experimentar uma troca afetiva de qualidade enquanto tratarem as relações amorosas de maneira banal. Por essa razão, tantos homens estão infelizes hoje.

E o círculo vicioso da eterna insatisfação se perpetua, uma vez que não se pode esperar que mulheres e homens infelizes sejam hábeis para criar filhos felizes.

As crianças estão infelizes

Uma pesquisa do Instituto de Pediatria do Hospital das Clínicas de São Paulo, com pais de 900 crianças de 5 a 9 anos, matriculadas em escolas públicas e particulares, revelou que elas estão de mal com a infância: 22,7% dos

---

[3] Disponível em inglês no link: <http://www.bmj.com/content/337/bmj.a2338 e http://edge.org/conversation/social-networks-and-happiness>.

pequenos apresentavam ansiedade, 25,9% tinham problemas de atenção e 21,7% apresentavam problemas de comportamento.[4]

Todos esses sintomas são consequências do excesso de cobrança por desempenho, carência de afeto verdadeiro, falta de atenção de qualidade e desrespeito a um direito fundamental de qualquer criança: o de ser, simplesmente, uma criança!

Pelo menos uma vez por mês, costumo tomar café com uma amiga que construiu uma carreira sólida na área da Educação. Durante esses encontros, Helen Queiroz me mantém informada sobre o comportamento da nova geração e me conta fenômenos curiosos, como este: ao mesmo tempo em que as crianças estão mais precoces, parece, por vezes, que elas estão emocionalmente mais imaturas.

Segundo ela, é crescente o número de adolescentes que passam tempo demais sozinhos, como se pudessem escolher com sabedoria o que vão comer, a que programas e filmes assistir e o que consumir, mas que na verdade têm extrema dificuldade de organizar a própria agenda e de produzir em grupo.

---

[4] Como foi divulgado pela revista *Veja* e está disponível no link: <http://veja.abril.com.br/noticia/saude/por-que-as-criancas-estao-cada-vez-mais-infelizes>.

Tenho a impressão de que esse quadro revela a falta de consciência, por parte de pais e mães, de que a missão de criar e educar nossas crianças não pode ser terceirizada.

O papel da família para a formação de adultos felizes, a despeito de todos os "personais" que a contemporaneidade fez surgir – *personal trainer, personal stylist, personal organizer, personal dancer, personal assistant, personal chef* –, ainda é intransferível.

Se os pais não assumirem o lugar que lhes cabe na criação dos filhos, a probabilidade de algumas crianças crescerem problemáticas e infelizes será cada vez maior.

3

Por que tanta insatisfação?

A esta altura você deve estar se perguntando: por que tanta infelicidade, se hoje as pessoas têm condições de vida que parecem ser tão melhores, e, na verdade, nunca houve tantas oportunidades como na época em que vivemos?

Se compararmos a vida que temos hoje à que os nossos pais e avós tiveram, tenho certeza de que há mais acesso a médicos, mais facilidade para viajar, mais possibilidades de se relacionar, mais oportunidades de trabalho e mais recursos materiais que possibilitam aprendizagem e diversão.

Tanto o momento econômico do país quanto os avanços sociais do mundo proporcionaram essas condições para as pessoas, mas tudo isso ainda não é o bastante.

A abundância de recursos só é decisiva para a percepção de felicidade até certo ponto. Que ponto é esse?

Segundo Tim Kasser, autor de *The High Price of Materialism* (2003), psicólogo que estuda a relação entre materialismo e bem-estar, mais dinheiro só implica mais felicidade até o momento em que nossas necessidades básicas de saúde, alimentação e moradia são atendidas.

Para quem está acima da linha da pobreza, não é quanto uma pessoa possui que a torna mais ou menos feliz e é por isso que vemos pobres, ricos e muito ricos de bem com a vida, mas também vemos outros tantos de mal com ela.

Mais adiante você poderá entender o que define quão feliz será cada indivíduo, independentemente de sua condição financeira.

O DNA da tristeza

A felicidade adquire nuances diferentes para cada pessoa, mas nem sempre nos lembramos disso. Não é raro nos deixarmos levar pela ilusão de que ser feliz é ser como aquela pessoa da capa da revista, morar no bairro mais caro ou ter o carro do ano.

A verdade é que o poder de ser feliz tem a ver com a construção de um modo particular de ver as coisas e de sentir a vida. Tomás Carrasquilla, um escritor colombiano, explica isso muito bem em um de seus ensaios (do seu livro homônimo, *Ensaios*, publicado em 1914), dizendo que "a felicidade, por mais que não acreditemos, não está fora: está dentro de nós mesmos: está na alma, sensório ou o que quisermos chamar". A felicidade é algo que reside no nosso íntimo, e expressamos o que se passa nessa esfera íntima em cada decisão tomada ao longo da vida.

Nem sempre nos damos conta de que, quando escolhemos um companheiro, um bairro, uma escola, fazemos essa escolha segundo nossas crenças em que podemos e devemos ser, ter e fazer.

São as crenças e os valores, em parte adquiridos de nossa família e cultura, em parte desenhados a partir de nossas experiências únicas, que compõem nosso modelo de mundo, direcionam nossas preferências e nos tornam aptos para uma vida feliz – ou infeliz, se nossas crenças nos levarem para esse caminho.

Construímos um eu e um mundo ideais que passamos a perseguir e que justificam nossas ações. Muito da nossa felicidade depende de termos êxito em aproximar o real do ideal. Mahatma Gandhi costumava definir a felicidade como a harmonia entre aquilo que dizemos, pensamos e fazemos.

Por outro lado, quanto menos alinhadas forem as esferas do que fazemos, do que somos e do que acreditamos, mais distantes da paz de espírito estaremos.

É por isso que em alguns momentos da vida precisamos fazer uma pausa para rever nosso modelo de mundo e, se necessário, recomeçar a partir de novas bases, mais verdadeiras.

Então, responda a estas perguntas:

- O que realmente importa para mim?
- Em que situações me sinto mais feliz?
- Quanto tempo gasto com o que importa para mim?
- Invisto energia no que me satisfaz de verdade?

A felicidade é despertada com a consciência do que faz bem para você, mas, para que ela faça parte da sua vida, é preciso afastar para sempre o que o faz infeliz.

As três grandes causas da infelicidade são: *somos educados para o sucesso*, não para a felicidade; *culpamos as circunstâncias* e *vivemos sob a ditadura da felicidade*.

Vale a pena aprofundar cada uma delas para entender o que pode estar impedindo você de ter a vida que merece.

Somos educados para o sucesso, não para a felicidade

> *"A alegria não chega apenas no encontro do achado, mas faz parte do processo da busca. E ensinar e aprender não pode dar-se fora da procura, fora da boniteza e da alegria."*
>
> (*Pedagogia da autonomia*, Paulo Freire)

Você já foi ao berçário de uma maternidade (depois de adulto, naturalmente)? Essa é uma visita que vale a pena! Ali podemos perceber, claramente, que quando um bebê nasce, nascem um pai, uma mãe, quatro avós, um monte de tios, primos e toda uma vizinhança carregada de desejos e expectativas em relação ao novo ser.

E isso fica evidente logo na porta do quarto, em que um enfeite em tons pastel revela que um nome já lhe foi atribuído. Esse nome tem um significado literal e afetivo que imprime – na criaturinha – uma intenção, aura ou virtude valorizada pelos pais.

O bebê que você encontrar estará vestido possivelmente com a roupa e não terá sido escolhida ao acaso, mas segundo o modelo de mundo do pai e da mãe (e, não raro, você vai ouvir dizer que houve discussão entre as famílias sobre qual deveria ser a primeira vestimenta do recém-nascido: preta e branca ou tricolor, por exemplo).

A partir de então, a fim de blindar a criança contra o sofrimento que o mundo adulto possa lhe causar, a família trata de adequá-la ao que a sociedade considera aceitável.

Afastar a ameaça de rejeição fora de casa se torna preocupação central dos pais. Como parte dessa missão, transmitem-se valores e regras que, supostamente, vão facilitar a vida do filho.

Isso, algumas vezes, é o que se entende por educação: moldar para deixar de lado quem você é realmente e ser quem as pessoas importantes da sua vida querem que seja. E as pessoas importantes de sua vida querem que você seja importante também.

Assim, aprendemos a não falar o que pensamos se isso puder desagradar alguém; a não manifestar emoções como o medo para não contrariar quem espera algo de nós, e a não expor a raiva quando contrariam nossos anseios mais profundos.

Situações como essas exemplificam a maneira como reprimimos nossa personalidade mais sincera em nome da convivência com o outro.

O que muitos pais não percebem é que, ao evitar os riscos da inadequação, eles podem exagerar na dose e limitar o desenvolvimento das qualidades que fazem de seus filhos seres únicos. Assim os tornam iguais a todo mundo e não permitem que tenham uma passagem expressiva pelo mundo.

Quando chega à escola, a criança encontra um esquema parecido, porque, em geral, os pais escolhem uma instituição de ensino que partilhe dos mesmos valores que eles. (Essa opção tem acontecido cada vez mais precocemente, às vezes até antes da escolha do enfeite para a porta do quarto na maternidade...)

A função da escola, muito além de transmitir conhecimento, é nos ensinar a socializar da maneira "correta", e para isso são criados diversos mecanismos de punição e recompensa, assim como diversas rotinas que adéquam a criança à vida que lhe espera no futuro. Ou melhor adaptam-na à vida que os outros querem para ela no futuro.

Por exemplo, presenciei uma cena, e imagino que você também, em algum momento da vida escolar.

Um aluno levou bronca da professora por desenhar na lousa sem autorização, enquanto seu colega ganhou o crachá de ajudante do dia porque completou a tarefa antes de todo mundo sem se distrair com conversas paralelas.

Em outras palavras, o primeiro aluno foi penalizado por fazer algo "inaceitável", enquanto o outro foi premiado por fazer algo que era esperado (o que é socialmente aceitável). Em nenhum momento alguém parou para pensar que o primeiro aluno poderia até mesmo ter mais iniciativa, e isso precisaria ser valorizado, enquanto o segundo apenas se limitava a cumprir regras.

Em termos de felicidade, nesse caso, eu pergunto: qual dos dois alunos tem potencial maior para ser feliz no futuro – aquele que se dá a liberdade de se expressar ou aquele que se limita a obedecer?

Não estou questionando aquela ocorrência em si nem a maneira de agir da professora. Simplesmente chamo a atenção para o fato de que são priorizadas atitudes que visam ao sucesso, dentro do que ele é aceito pela sociedade, em detrimento de elementos individuais que também têm valor e podem levar à felicidade do indivíduo.

Não são só os alunos inquietos que deixam de se tornar queridos pelos professores. Os muito quietos, como eu fui, costumam ser menos reconhecidos ainda (os bagunceiros recebem atenção, ainda que pelo comportamento negativo).

Em sala de aula, nunca dei trabalho. Nem audiência. Minha voz mal se ouvia. Ficava horas com a mão levantada, à espera de permissão para perguntar ou responder. Meus colegas tinham de chamar a atenção da professora, e só então minha presença era notada.

Eu era tão tímida e melancólica que não me achava digna da amizade daquelas crianças felizes. Então, na imaginação, eu criava as histórias que gostaria de viver.

Talvez você também tenha tido um mundo interior rico, que na escola ninguém percebeu.

A punição, a recompensa ou, simplesmente, a atenção são dispensadas aos alunos conforme as competências que a escola valoriza.

No primeiro exemplo, a professora premiou a rapidez na execução de tarefas e a concentração, em detrimento da iniciativa e da livre expressão. No meu caso, os professores, talvez sem perceber, puniam com desatenção o aluno tímido, mesmo que ele tivesse um potencial enorme a ser compartilhado.

Aquele mundo era dos exibidos – e muitos deles eram exibidos porque essa era uma maneira de conquistar a atenção que queriam, talvez porque tenham sido "proibidos" em sua educação de manifestar o que tivessem de valor para oferecer ao mundo.

Com a repetição de episódios como esse, nossos neurônios podem ter registrado a seguinte mensagem: "não vale a pena ser você". Essa é a maior praga - da qual todas as outras descendem - que extermina o broto da felicidade autêntica.

Por causa dela, grande parte das pessoas não se conhece direito e, por isso, não se gosta. E quem não se gosta não pode ser feliz.

A crença na inconveniência de ser você, de menosprezar suas necessidades e seus sentimentos, é reforçada por práticas educacionais ainda frequentes:

- *Padronizar, em vez de valorizar a individualidade*: sabemos que o uso do uniforme é necessário, tanto pela economia quanto para mostrar que nenhum aluno é melhor do que outro. No entanto, as condutas que impõem tratamento igual a indivíduos diferentes às vezes podem minar a expressão salutar das diferenças individuais. O desafio, nesse caso, é encontrar um jeito de promover justiça, sem matar o que há de mais pessoal em cada um.

- *Olhar voltado para o erro*: muitas vezes, por falta de tempo, pelo excesso de alunos e de atividades a cumprir, o professor só tem tempo de corrigir e dar bronca. Você tem trauma de redação? Não é difícil entender o porquê. Quanto mais você escrevia, mais erros cometia e mais seus escritos voltavam manchados de vermelho-sangue da caneta da professora.
- *Valorizar a decoreba*: passamos um terço da vida aprendendo teorias que serão ultrapassadas, decorando datas que esqueceremos, memorizando fórmulas que não aplicaremos e sendo criticados pelo que não conseguimos entender. Se você não tem aptidão para números, regras matemáticas, decorar fatos e datas, será pouco valorizado na escola. Isso é uma injustiça, pois você pode ser excelente em esportes ou nas relações humanas e nunca ser reconhecido porque seu dom só aparece no pátio ou na cantina.

Como empresária, alegra-me perceber que o mercado tem valorizado competências como criatividade e capacidade de trabalhar em grupo. São essas características que vão revolucionar a educação formal.

- *Impor um modelo de sucesso*: somos orientados a ter mais em vez de ser tudo o que podemos ser. Você e

> eu conhecemos crianças que já nasceram com o destino traçado: antes do primeiro ano de vida, os pais já tinham reservado vaga na melhor escola da cidade. E a melhor escola para eles era a que mais aprovava para as universidades de primeira linha. E as melhores universidades, consequentemente, eram as que colocavam no mercado de trabalho, nas melhores vagas. E, melhores vagas, na cabeça deles, significam se tornar CEOs de uma grande companhia.

Será que esse estilo de vida faz todo tipo de gente feliz?

Minha filha adolescente, por exemplo, é atriz e está recebendo todo o suporte que ela escolheu e acha que precisa para se desenvolver na profissão que escolheu.

Confesso que quando me comunicou sua decisão, tremi dos pés à cabeça. Imediatamente, lembrei-me de Drew Barrymore, a garotinha escalada pelo diretor Steven Spielberg para estrelar o filme *E. T. - O extraterrestre.*

Em entrevista à apresentadora Oprah Winfrey[1], Drew contou que começou a beber aos 9 anos, e que somente

---

1 Disponível em inglês no link: <http://www.dailymail.co.uk/tvshowbiz/article-2265276/Drew-Barrymore-opens-Oprah-keeping-daughter-Olive-reliving-troubled-childhood.html>.

depois de ser internada em clínicas de reabilitação conseguiu dar a volta por cima.

Sobre a trajetória conturbada, a atriz já sabe o que dizer à filha: "Vou mostrar que fiz tudo aquilo porque não tive nenhuma orientação na minha infância".

Depois de muita ponderação, entendi que não poderia impor a profissão que considero mais segura para Lara. Como mãe, assim como Drew hoje, o máximo que posso fazer é orientá-la, apoiá-la, corrigi-la e tratar de lhe fornecer bons exemplos.

Temos conversado muito sobre a diferença entre sucesso, fama, prestígio e sobre o que realmente importa na vida: ser feliz.

De acordo com nossos valores, escolhemos a brasileira Glória Pires como modelo de sucesso para a carreira de Lara. Tal como Drew Barrymore, Glória começou a interpretar ainda criança, mas, por sua conduta exemplar na vida e na carreira, transformou-se em inspiração para toda mulher que deseje brilhar no palco e na vida pessoal.

Como mãe de uma menina que nasceu depois do surgimento da internet, portanto em um era de fácil acesso a todo tipo de informação, acho o máximo que essa geração esteja mais autorizada a escolher o próprio estilo de vida do que a minha. Torço para que toda escola, um dia, seja um espaço em que possamos sonhar nossos sonhos e nos capacitar a transformá-los em vida.

Enquanto isso, algumas pessoas que já passaram dos 35 anos, como eu, vivem hoje o pior de dois mundos.

Como muitos dessa geração, talvez você não tenha sido educado para ser único, mas para ser igual. Em contrapartida, as empresas exigem que você produza uma solução inovadora (e milionária) por dia.

A minha intenção ao me debruçar sobre a influência da criação na sua vida atual não é alimentar ressentimentos, em absoluto. Não é nada produtivo culpar a educação que você recebeu.

Ao contrário, trata-se de compreender que tudo o que seus pais fizeram foi com amor e com a melhor das intenções. Perdoe-os se não foi o ideal, e siga adiante.

Talvez seus pais desconhecessem que para criar filhos felizes, é preciso considerar um modelo personalizado de sucesso: um plano de vida sem igual para ser, ter e fazer tudo o que o faz feliz.

O que importa, agora, é saber que esse equívoco pode ser corrigido, porque a criança genial que você foi dorme em algum canto em seu interior e, até o final deste livro, você vai despertá-la.

Vamos começar já a criar seu projeto personalizado de felicidade, refletindo sobre o que é sucesso para você.

Pegue um papel e uma caneta e responda por escrito, com honestidade, sem censura e com o maior número de detalhes às seguintes perguntas:

- Onde você quer estar daqui a cinco anos?
- Como você quer acordar todos os dias?

- Como será um dia típico da sua nova vida a partir de agora?
- Que pessoas farão parte do seu mundo?
- Como será a sua casa?
- O que você quer que as pessoas falem de você?

Embarque sem medo nessa viagem ao futuro ideal. Ninguém vai ler as anotações que você fará neste livro ou num papel à parte além de você mesmo, então sonhe em detalhes e se delicie com isso. Ter uma visão clara do cenário desejado é um passo importante na construção da sua felicidade porque revela as emoções que você quer sentir mais vezes, ou seja, seus valores que você quer ver respeitados.

Lembre-se, contudo, de que saber o que o realiza, por si só, não é o suficiente para se realizar. Você tem de saber o que precisa ser feito e, principalmente, fazê-lo. É preciso afastar da sua vida todas as causas de infelicidade.

Se você foi educado por anos apenas para o sucesso, é hora de começar a se educar para a felicidade.

Culpamos as circunstâncias

Você é o tipo de pessoa que vive dizendo que seria mais feliz se a vida não fosse tão difícil?

Saiba que as contingências da vida exercem um peso de apenas 10% sobre a nossa percepção de felicidade. Segundo Sonja Lyubomirsky,[2] dos 90% restantes, 50% vêm de

---

2 Mais informações no site da autora (em inglês): <http://sonjalyubomirsky.com/>.

uma predisposição genética para como vemos a vida (que pode ser compensada com uma série de ações) e 40% da capacidade de adaptação, ou seja, de ter a reação adequada à adversidade.

Isso só confirma o que venho dizendo desde o começo do livro: boa parcela da felicidade está em suas mãos! Ou melhor, dentro da sua cabeça! E da infelicidade também...

Boa parcela da felicidade está em suas mãos! Ou melhor, dentro da sua cabeça! E da infelicidade também...

Você já se pegou dizendo que seria mais feliz se tivesse um pouco mais de tempo ou de dinheiro?

Quanto ao tempo, não há muito o que fazer porque ainda não inventaram um jeito de multiplicar as 24 horas diárias que temos.

Quanto ao dinheiro, tenho uma notícia animadora para você.

Ser feliz é um bom negócio! Pesquisadores britânicos afirmam, em um estudo divulgado pelo jornal *Los Angeles Times*,[3] que pessoas felizes tendem a atrair mais dinheiro.

A explicação é que elas manifestam sentimentos positivos, o que implica maior iniciativa para trabalhar, melhores relações pessoais e, por consequência, melhores propostas profissionais. O resultado para os felizes e os

---

3 Disponível em inglês no link: <http://articles.latimes.com/2012/nov/19/science/la-sci-happiness-income-20121120>.

felizardos são salários 10% mais altos, enquanto pessoas infelizes amargam rendimentos até 30% mais baixos que a média.

Observe os "sortudos" que você conhece e verá que, no fundo, eles são pessoas normais que conservam a fé na humanidade e um otimismo inabalável; por isso, estão sempre abertos às oportunidades de experimentar coisas novas e conhecer pessoas. Muito do que conquistam se deve a uma visão de mundo otimista.

O norte-americano Zig Ziglar escreveu: "Você não pode fazer tudo só com o pensamento positivo. Mas você pode fazer tudo melhor do que se fizesse com o pensamento negativo". É apenas uma questão de ter a atitude certa.

Seja mais como os otimistas, que acreditam que coisas positivas também podem vir de situações ruins.

A dor que senti quando minha avó paterna, dona Jhulia, morreu foi tão devastadora que cheguei a adoecer. Eu tinha 4 anos e morava em Itapetinga, no interior da Bahia. Fiquei mal a ponto de ser desenganada pelos médicos. Parecia que nada mais me faria despertar daquela tristeza. Minha família, os vizinhos, o padre – acho que a cidade inteira – esperavam pelo pior.

Depois de muitos dias recusando-me a me alimentar e sem falar com ninguém, algo mágico aconteceu. Como o primeiro raio de sol depois de uma tempestade, reagi e voltei a ser uma criança normal, do tipo que trepa em árvores e brinca no sereno.

Mais tarde, quando vieram as dores de amores, eu até ficava triste por algum tempo, mas penso que mesmo sem ter a lembrança do rosto de minha avó, de alguma maneira, eu buscava dentro de mim a criança que foi capaz de reagir à perda.

E assim, apesar das decepções inevitáveis da vida, concluí que não são os outros que têm de me fazer feliz. Sou eu mesma quem me faz feliz.

Culpar as circunstâncias pela sua infelicidade não só não o torna mais feliz, como tira das suas mãos o poder de dirigir a própria felicidade.

Então, quando um evento ruim quiser derrubá-lo, sofra um pouco, mas reaja rapidamente, porque a vida é maravilhosa e está à espera de que você suba em árvores ainda mais altas e deixe o sereno refrescar novamente sua alma.

Vivemos sob a ditadura da felicidade

"Os infelizes são ingratos; isso faz parte da infelicidade deles."

(Victor Hugo)

Você se obriga a ser feliz?

Se não tem pelo menos uma grande festa parece que a semana foi perdida?

Se não comprar uma roupa nova parece que você é pobre?

Você se sente mal porque não frequenta os lugares badalados aos quais vão todos os seus amigos?

Pergunte às vovós e elas dirão: ser feliz já foi mais simples. Hoje, a felicidade parece ter se tornado uma lei que pode ser traduzida por uma lista infindável de obrigações.

É como se você devesse a si mesmo um trabalho apaixonante somente para agradar aos outros, um apartamento com decoração assinada, um carro (que você não pode explorar ao máximo porque tem de viver na cidade onde as coisas acontecem, mas o trânsito não anda), um marido rico e sarado, ou uma esposa inteligente, bonita, magra e financeiramente resolvida, vários(as) pretendentes lhe desejando, outros tantos amigos o invejando, ser convidado(a) para as melhores festas, ter amigos influentes, viajar para os lugares mais exóticos e conseguir uma vida sexual maravilhosa.

Nada disso, porém, parece ter muito sentido se você não ostentar sua "felicidade" nas redes sociais, usando o aparelho eletrônico do momento.

É claro que estou sendo irônica e que, lá no fundo, sabemos que muitos dos sorrisos - em fotos e *emoticons* - são falsos como algumas cerejas em conserva: vermelhinhas e perfumadas, porém feitas de chuchu, o vegetal mais sem graça que já deu na cerca.

A felicidade verdadeira não tem nada a ver com exibicionismo. Uma pesquisa divulgada[4] em agosto de 2013 pela

---

[4] Disponível em inglês no link: <http://www.huffingtonpost.co.uk/2013/08/14/facebook-linked-with-unhappiness_n_3758073.html>.

Universidade de Michigan comprovou a relação entre o uso intensivo do Facebook e a infelicidade.

O estudo envolveu 82 jovens com menos de 30 anos, que foram orientados a ver diversas publicações na rede e a contar como estavam se sentindo. Os dados coletados apontam que as emoções ligadas à infelicidade aumentaram proporcionalmente ao tempo de exposição às postagens que mostravam gente aparentemente feliz.

Segundo Ethan Kross, autor do estudo, a plataforma estimula a comparação social, ou seja, a vida do outro parece sempre melhor que a nossa.

Peter Bauxmann e Hanna Krasnova realizaram experimento semelhante na Alemanha, publicado em 2013.[5] Segundo eles, os usuários passivos - aqueles que mais observam as conquistas alheias do que exibem as próprias - são os que sofrem mais com a inveja.

Se a sensação de perder alguma coisa quando acessa (e quando não acessa) as redes sociais estiver fora de controle, a saída é radical: faça um detox digital, passe mais tempo na própria companhia e na de pessoas de carne e osso, nem que seja para ficarem em silêncio. Você vai ver que a felicidade deriva do incomparável.

Ser feliz de fato tem a ver com vivenciar experiências que são especiais justamente porque acontecem de um jeito único, surpreendente e não estereotipado. O número

---

[5] Disponível em inglês no link: <http://www.hu-berlin.de/press-portal/nachrichten-en/nr1301/nr_130121_00>.

de hotéis sem eletricidade e as viagens de peregrinação que indico aumenta a cada ano.

A ditadura da felicidade exige que você aparente, ou pelo menos mostre, que é feliz. Se não o fizer, estará em desvantagem neste mundo que cobra a felicidade de todos. No entanto, essa luta desesperada para ser feliz, ou essa tentativa de parecer feliz, na verdade só contribui para sua infelicidade.

Rejeite o que não o torna feliz

Como chegou até aqui, já sabe que seu grau de satisfação com a vida diminui à medida que você:

- persegue um ideal de sucesso que não tem a ver com você;
- coloca-se no lugar de vítima;
- compara sua vida com a dos outros.

Sabendo o que o afasta da felicidade legítima e possível, é hora de trocar as lentes com que você enxerga o mundo e a si mesmo. Você vai ver que essa mudança de atitude mental é o fundamento de uma existência plena de significado positivo.

4

Método Dom: o segredo da felicidade

"A mais profunda forma de desespero é escolher ser outro que não você mesmo."

(Soren Kierkegaard)

Sempre que sou apresentada a alguém, vem-me à mente o que chamo de Pergunta Fundamental Obsessiva (PFO), que hoje dá nome ao meu projeto social para crianças e jovens: "*Qual é o seu dom?*".

Não consigo deixar de investigar o sentido da existência do outro, o que o motiva a se levantar da cama todos os dias e como faz valer sua passagem pelo mundo.

Fico imaginando qual é a sua essência, o que ele busca ser e ter, e de que jeito único faz para chegar lá.

Meu interesse pelo dom – o meu próprio e o alheio – surgiu muito cedo, quando eu tinha 6 ou 7 anos, talvez impulsionada pelo fato meu nome ter como prefixo a palavra DOM. E penso que por consequência esse é meu apelido hoje.

Lembro-me de que, naquela época, meu pai costumava receber seus colegas de trabalho em casa e eu adorava abrir a porta para recepcioná-los, disparando três perguntas:

- Qual é o seu nome?
- O que você faz na empresa do meu pai? (Toda criança acha que o pai é o dono da empresa.)
- Você gosta do que faz?

Sem saber, essas três perguntas seriam a semente do Método Dom, não como uma criança as formularia, mas de maneira aprofundada.

As respostas eram quase sempre vagas, desajeitadas, entre risadas nervosas e muita gagueira. Afinal, quem está preparado para responder a perguntas como essas, principalmente assim de supetão?

Os colegas do meu pai não estavam preparados, a Amanda, lá do começo do livro, provavelmente não estaria, a modelo que um dia sonhou ser médica demorou um pouco para responder, e muita gente que conheço também não sabe dizer, prontamente, qual é seu dom.

É possível que você queira me perguntar: "Afinal, Dominique, o que você quer dizer com *dom*, o que ele tem a ver com a felicidade e por que dar tanta importância a ele?".

Prometo que vou responder a tudo isso, uma pergunta de cada vez.

A riqueza da palavra *dom*

O significado da palavra *dom*, nos dicionários, é bastante amplo. Pode se referir a:

- dádiva, presente;
- merecimento, mérito;
- dote natural, talento, aptidão, faculdade, capacidade, habilidade;
- poder;

- virtude;
- título honorífico.

Intrigada com tantas definições, resolvi mergulhar em cada uma delas e descobri que a magnitude da palavra *dom*, como você vai ver, é fascinante.

- O dom como presente: o dom é inato, uma dádiva da vida.
- O dom como mérito: o dom nos foi concedido, mas é preciso fazer por merecê-lo.
- O dom como talento: o dom é a semente que, se desenvolvida com persistência, paciência e consistência, pode se tornar uma habilidade especial. Todos nascemos com um dom, mas nem todos o transformam em talento.
- O dom como poder: no dom reside a chave para o empoderamento pessoal – da superação de problemas à prosperidade.
- O dom como virtude: o pleno exercício do dom faz de cada um de nós pessoas melhores. Desenvolver o dom é evoluir como ser humano.
- O dom como título honorífico: reservado aos nobres ibéricos, mais tarde foi usado para tratar pessoas comuns a quem se deve respeito. É também a forma abreviada de *dominus* ou "senhor", a pessoa principal do *domus* ou "casa".

Aproveitei esses significados para formular minha definição pessoal de dom:

Dom é a dádiva que honramos quando a transformamos em talento por meio da prática, e este em habilidade, e que se converte na fonte de poder que faz de alguém senhor da própria vida.

Faz sentido para você?

Isto posto, imagino que agora é você quem deve estar curioso para saber qual é o meu dom.

Posso dizer que, depois de muita busca, descobri que meu dom é conectar as pessoas ao dom delas.

E você? Sabe qual é o seu dom? Pare um pouquinho para pensar nisso. É muito importante você saber!

E você? Sabe qual é o seu dom? Pare um pouquinho para pensar nisso. É muito importante você saber!

A importância do dom

É muito triste ver tanta gente passar pela vida ignorando o próprio dom. Porque ele é a nossa verdade mais essencial, e desconectados dele fica muito mais difícil ser felizes de verdade.

Não se pode conhecer verdadeiramente alguém, sem conhecer o dom que essa pessoa carrega. Também é difícil se relacionar bem com o outro, se ambos não conhecerem – e respeitarem – os próprios dons.

O que faz com que eu me interesse em conhecer alguém mais profundamente é uma virtude ou um dom que essa pessoa deixou transparecer.

Se perguntarmos a um casal que se ama de verdade o que fez com que um se apaixonasse pelo outro, talvez a resposta tenha a ver com a aparência: os olhos, o sorriso, o jeito de ele tirar o cabelo da frente do rosto ou os fiozinhos que caem pela nuca quando ela faz um coque bem alto...

Entretanto, se perguntarmos o que fez com que ambos tivessem a certeza de estar diante da pessoa certa, as respostas vão apontar para um dom: o conselho que ele deu em um momento de crise, a massagem que ela faz depois de um dia turbulento, o espaguete à *carbonara* que ele prepara divinamente, as ideias criativas que ela tem quando estão com pouco dinheiro, e por aí vai...

O dom é o núcleo fundamental da alma, a centelha divina que contém o código existencial de cada ser. Por isso ele é o coração do método que vou lhe apresentar.

É importante que você saiba que viver pelo seu dom é um processo engenhoso, que pouco tem a ver com fazer somente aquilo de que gosta.

Requer trabalho intenso e uma boa dose de coragem, mas você vai ver que o resultado compensa, porque é a garantia de satisfação interna.

Antes de ajudá-lo a ativar seu dom, quero ir mais fundo no impacto que ele exerce sobre a sua percepção de felicidade. Por isso o convido a conhecer a parábola do relojoeiro feliz.

> Conta-se que, em uma aldeia distante, vivia um relojoeiro muito habilidoso. Franzino e de poucas palavras, ele passava os dias a lubrificar pequenas engrenagens, a coser pulseiras de couro, a trocar correias e a acertar ponteiros.
>
> Como o povo daquele lugar era muito pobre, havia poucos relógios para consertar: o do escriba, o do boticário, o do sacerdote, o do conselheiro real... Ao todo, não somavam dez. Contudo, mesmo com poucos clientes, o relojoeiro conseguia manter uma pequena casa no centro da aldeia, onde também funcionava sua oficina.
>
> Vez ou outra era premiado por sua eficiência com um naco de queijo, um garrafão de vinho ou um corte de tecido. Quando não, o que tinha para comer era sopa de favas com um pedaço de toucinho e pão de milho.
>
> Depois de jantar, deitado em seu colchão de palha, ele sonhava um dia poder tocar o relógio do palácio, mas nem contava com essa possibilidade, pois sabia que o rei era um homem muito exigente, que preferia confiar o sofisticado maquinário palaciano a especialistas estrangeiros.
>
> E, assim, ele dormia contente, porque era responsável pelo bom funcionamento dos relógios da gente importante do lugar.
>
> Quis o destino, porém, que o futuro da família real fosse posto em suas hábeis mãos, aproximando o humilde relojoeiro da concretização de seu sonho.

Sucedeu que, apesar de jovem e saudável, a rainha não conseguia gerar um herdeiro para o trono e, segundo a investigação dos astros feita pelo sábio do reino, só havia uma solução: o casal real deveria se deitar na primeira hora da primeira noite da última Lua cheia daquele ano. Seria aquele – e tão somente aquele – o momento propício à concepção.

Por essa razão, o relógio do palácio não poderia se atrasar nem se adiantar, muito menos parar de funcionar, ou a dinastia real estaria arruinada para sempre.

Faltavam poucos dias para o primeiro dia da última Lua cheia do ano e não seria possível mandar buscar os especialistas estrangeiros, mesmo com os cavalos mais velozes de todo o reino, para cuidar do relógio real.

O sábio, então, indicou os serviços do relojoeiro da aldeia e o rei decidiu confiar a ele o ajuste e a precisão do relógio do palácio, para tão importante ocasião.

Como era de esperar, o relojoeiro da aldeia estava muito nervoso por realizar um sonho tão antigo – o de tocar o relógio do palácio – mas, como ele era muito eficiente, não decepcionou Sua Majestade.

Ajustou meticulosamente aquela máquina complexa, para que rei e rainha se encontrassem em seus aposentos precisamente à primeira hora da primeira noite da última Lua cheia do ano. E assim foi.

Quando o principezinho de bochechas rosadas nasceu, o rei decretou feriado por sete dias. Tamanho era seu contentamento, que ele convidou autoridades de toda a circunvizinhança para comemorar, finalmente, a garantia de sucessão ao trono real.

Como o rei era um homem muito justo, ordenou que um mensageiro fosse até a aldeia buscar o relojoeiro. E para que chegasse à festa trajado à altura dos demais, foram-lhe oferecidas novas vestes de veludo azul.

Na corte, o aldeão franzino foi recebido com honrarias e nomeado grão-duque. No mesmo dia, o relojoeiro fechou a oficina e se mudou para um palacete luxuoso nas cercanias do palácio. A partir de então, em sua mesa nunca mais faltariam vinhos, bolos, assados e uvas.

Você sabe o que faz um grão-duque? Não? Nem eu, mas, no caso do relojoeiro aposentado, o título implicava que ele não mais trabalhasse na oficina, ficando encarregado apenas de comparecer aos eventos palacianos e de manifestar seu ponto de vista, caso algum fato extraordinário se sucedesse.

Como o rei e a rainha eram muito amados pelo povo e a vida por aquelas paragens era uma calmaria de dar tédio, a verdade é que o novo grão-duque não tinha quase nada para fazer.

Então, ele passava os dias a cavalgar, a fartar-se de comida, a fazer caminhadas e a ensaiar o minueto.

O inverno chegou e com ele uma enfermidade de causa desconhecida que acometeu o grão-duque. Não havia o que fizesse o homem levantar da cama: som de violinos, aroma de iguarias, truques de mágica, tilintar de moedas de ouro... Nada o resgatava da apatia.

Estava à beira da morte quando o sábio do reino o encontrou. Como o enfermo não esboçava reação, o homem mais inteligente do reino ordenou aos serviçais que vasculhassem os porões do palacete, em busca de objetos que pudessem devolver o ânimo àquela débil criatura.

Foi então que entregaram ao sábio uma pequena arca de cobre, toda empoeirada. Ao abri-la, o sábio reconheceu nela as ferramentas de relojoaria. Olhou à sua volta, abriu instintivamente uma gaveta e retirou dela um enferrujado relógio de pulso que marcava precisamente zero hora.

Como eram oito horas da manhã, imediatamente o sábio soube o que fazer:

– Ergue-te, homem! Este relógio está quebrado! Trata de o consertar!

E então, para surpresa da criadagem, o doente se levantou, arregaçou as mangas do pijama de seda escarlate, apanhou as ferramentas e pôs-se a lubrificar as pequenas engrenagens, a coser a pulseira de couro, a trocar as correias e a acertar os ponteiros do relógio.

Não foi preciso que o sábio dissesse mais nenhuma palavra para o grão-duque entender que jamais deveria ter abandonado seu ofício e então tomar uma decisão irrevogável:

– Transmita à Sua Majestade minha mais sincera gratidão por todo o conforto que me proporcionou, mas já não posso continuar nesta vida de grão-duque.

O homem franzino voltou para sua aldeia, levando apenas a roupa do corpo e a arca de cobre com as ferramentas. Reabriu a oficina e, para espanto de todos, voltou a ser apenas o relojoeiro do escriba, do boticário, do sacerdote, do conselheiro real...

Dias depois, enquanto trabalhava em uma peça, foi surpreendido pelo rei em pessoa.

– Eu errei! – disse Sua Majestade. – Não há fortuna nem privilégio que substituam a alegria de servir aos outros. Era assim que você vivia antes de eu lhe fazer grão-duque e por isso você era feliz.

Ainda sob o impacto da surpreendente visita, o relojoeiro franzino não conseguia dizer uma só palavra. Ficou à espera de que o rei se retirasse para continuar o trabalho, mas o rei prosseguiu:

– Nesta pequena oficina, seu trabalho não tem o alcance que você e meu povo merecem. A partir de hoje, você será o Chefe das Horas do Reino e sua principal missão será cuidar de todos os relógios do palácio.

Pela primeira vez, o relojoeiro se sentiu verdadeiramente reconhecido por seu trabalho e, antes mesmo de ensaiar um gesto de agradecimento, foi novamente surpreendido:

– Fique sabendo de uma coisa: quero que este reino saia do atraso. Ordeno que você forme outros tão bons como você, pois muito em breve todo cidadão vai possuir o próprio relógio. Haverá muitas peças para cuidar!

E assim foi. Segundo a vontade do rei, o palacete do grão-duque foi transformado em uma grande escola, onde jovens aprendiam a lubrificar pequenas engrenagens, a coser pulseiras de couro, a trocar correias e a acertar ponteiros...

Todos naquele reino foram ainda mais felizes. O rei e a rainha, porque tinham súditos leais. O povo, porque passou a ser dono de seu tempo. E o relojoeiro, porque voltou a realizar - e para um número ainda maior de pessoas - o seu dom.

A parábola do relojoeiro feliz ilustra bem a importância do dom. Por mais que possamos nos alegrar com roupas bacanas, festas VIP, comidas e bebidas finas, nada disso sustenta esse estado emocional por muito tempo.

Felicidade é o resultado natural de uma vida congruente e pode ser resumida na seguinte equação:

DOM (TIPO DE MOTIVAÇÃO + COMPETÊNCIA APRIMORADA)
→ PESSOAS = FELICIDADE + SUCESSO

A felicidade com sucesso é resultado do dom (que inclui o que o motiva, aliado à sua competência aprimorada), posto a serviço das pessoas.

É a nossa missão - o nosso dom em função de uma causa relevante para nós e para o mundo - que dá sentido à vida e de onde podemos extrair felicidade. Não se trata de trabalho, pois muita gente trabalha bastante e é infeliz, mas de sua maneira única de se expressar e servir às pessoas.

Talvez você já saiba qual seu propósito de vida, ou seja, de que maneira e com que finalidade vai empregar seu dom, mas não saiba como adequar sua rotina a ele. Ou você nunca tenha parado para pensar nisso e simplesmente tenha aceitado o que a vida lhe ofereceu sem muito questionar.

Talvez você o tenha deixado de lado porque as coisas estavam muito mal ou muito bem e achou que não havia nenhum problema em dar um tempo. O tempo, porém, estendeu-se até que você se esquecesse de quem realmente era e, tragado por um turbilhão de acontecimentos e pessoas, passou a apenas reagir quando poderia agir.

Se é o seu caso, não se preocupe, pois sempre é tempo de despertar. A propósito, ouvi dizer que aquela modelo que citei no capítulo 2 está cursando Medicina.

Quero dizer que, se você já encontrou seu dom, mas ainda não se realiza por meio dele, não precisa continuar alimentando sua alma com porções racionadas de recompensa. Você pode ter banquetes de reconhecimento pelas vidas que serão transformadas por meio do seu dom.

Não importa quando nem por que abandonou seu dom. Mesmo que tenha de começar do zero, atenda ao chamado da sua alma. Vamos mexer nas engrenagens e fazer seu coração bater de novo!

Agora você não escapa da PFO...

5

Você sabe qual é o seu dom?

"Um chamado não é um caminho fácil, e é por isso que a maioria de nós nunca o conhece. Tememos o esforço, a idiotice, o risco e o desconhecido. Então escolhemos uma carreira porque preenche os itens que fomos convencidos a preencher."

(Shelley Prevost)

Você já sabe que o dom é o presente que a vida deu para você. Agora vamos trabalhar para que ele seja o presente que você vai dar para o mundo, porque é nesse momento que a felicidade vai se instalar na sua vida e nunca mais sair dela.

É fato que ninguém possui todos os dons, mas todo mundo possui pelo menos um dom.

Muita gente confunde *dom* com *vocação*. Vocação vem do latim *vocare*, que significa "chamado".

A vocação é o impulso de usar o dom, que com a prática e o estudo se transforma em talento. É quando você tem um momento "a-ha!" e descobre como orientar seu dom para um propósito, uma tarefa ou um grupo de pessoas. Ou seja, vocação é quando você encontra sua turma!

Que fique bem claro: a chave para o sucesso por meio de seu dom é alinhar preferências pessoais a possibilidades reais. Assim, a vontade de ser atacante da seleção não é o suficiente para sê-lo e mais vale sofrer uma pequena frustração agora do que investir energia na carreira errada.

O dom descoberto e valorizado transforma a pessoa comum na pessoa certa, no lugar certo e no momento perfeito.

> *A chave para o sucesso por meio de seu dom é alinhar preferências pessoais a possibilidades reais.*

Em contrapartida, quando um dom é sufocado e insistimos em atividades para as quais não temos o menor pendor, o resultado é frustrante e às vezes até traumatizante.

É curioso ver como a ansiedade de muitos pais e mães os impede de detectar o dom de seus filhos.

Lembro-me de que na minha infância todas as mães desejavam ter filhas bailarinas. Algumas meninas até se divertiam com os figurinos e as coreografias, mas outras, assim como eu, definitivamente não se encaixavam naquele estereótipo – magra, flexível e delicada. Para muitas delas, as sessões de *plié* eram uma tortura, isso sim.

Eu me sentia um patinho feio que só queria fazer as aulas de caratê que meu pai fazia. Porém, todo caminho é válido; balé, por exemplo, é um ótimo aprendizado para postura e disciplina.

Se esse tipo de equívoco aconteceu com você, aprenda a rir dessa história até poder contá-la em uma festa. O passado é passado e ajudou a construir a pessoa única e especial que você é.

Então, se ainda não está pronto para responder à PFO, aproveite para tomar fôlego, porque agora você vai pegar o caminho para sua verdadeira força.

Acredite: seu dom o trouxe até aqui! E se você não sabe qual é, está prestes a descobri-lo!

6

O primeiro passo: descubra o seu dom

"Aquele que conhece os outros é sábio, aquele que conhece a si próprio é iluminado."

Lao-Tzu

Talvez pareça complicado descobrir o próprio dom. Contudo, essa descoberta acontece quando você responde para si mesmo algumas perguntas, como veremos.

Quem é você?

Procure conhecer melhor a si mesmo e perceber qual é o seu propósito de vida, a sua missão neste mundo. Gaste algum tempo buscando saber o que dá sentido à sua vida.

Refinando essa pergunta, para encontrar a semente do seu dom, responda, com a maior riqueza de detalhes possível:

O que o motiva?

Para facilitar essa descoberta, esqueça as áreas de interesse do modo como elas devem ter sido apresentadas a você. A tradicional divisão do saber em Ciências Exatas, Humanas e Biológicas pode ser útil na hora de escolher uma formação, mas atrapalha muito quando se trata de encontrar um dom.

☺

Durante uma palestra que fiz em um colégio, uma jovem com um pedaço de chiclete saltando boca afora pediu permissão para perguntar. Ela contou que ia prestar vestibular e que andava confusa sobre a escolha do curso, pois achava que não tinha cabimento ficar em dúvida entre Psicologia e Engenharia, duas carreiras aparentemente muito diferentes.

Perguntei a ela o que mais lhe empolgava na ideia de ser psicóloga e ela respondeu:

– O que mais me fascina é poder compreender como as pessoas funcionam e ajudá-las a resolver seus problemas emocionais.

Ok, não vou mentir para você, não foi exatamente assim que ela falou. Sua resposta foi qualquer coisa parecida com: "Ah, sei lá, tipo, Psicologia é mó legal porque você fica sabendo como as pessoas funcionam e as ajuda a se entender e a viver sem neura".

– E o que atrai você em Engenharia? – indaguei.

– Na verdade – agora só vou escrever como ela disse –, Eu gosto mesmo de Matemática, mas não quero, tipo, virar professora, que senão eu meio que vou morrer de fome, tá ligada? Daí, como Engenharia usa bastante Matemática, tipo, é mais suave... E meu pai disse que todo mundo tá precisando de engenheiro.

– Então me diga o que atrai você em Matemática.

– Eu acho legal, tipo, quando tem uma equação superdifícil e você vai lá e resolve.

– Faz sentido dizer que o que a motiva é resolver problemas? – pontuei.

– Só... – concordou a jovem com uma carinha de quem começa a achar o próprio caminho.

Então, fui além:

– E será que as emoções também podem ser equações difíceis, problemas, que os psicólogos ajudam as pessoas a resolver?

– Pode crer! – exclamou com um sorriso tão aberto que quase fez o chiclete voar.

Não posso assegurar que aquela jovem tenha tomado a melhor decisão ou que tenha desistido da carreira de Exatas, mas posso afirmar que passou a focar no seu dom, teve um momento "a-ha!" sobre si mesma e deixou de se achar inadequada.

As categorias da motivação

Quero que você faça o mesmo que a jovem "resolvedora" de problemas e que tenha muitos momentos "a-ha!". Comece procurando o seu dom em uma das cinco categorias da *motivação*:

1 **Ajudar**: seu prazer está em oferecer qualquer tipo de alívio, amenizar angústias, promover a

cura, facilitar rotinas, resolver problemas, mediar conflitos e organizar pensamentos. Médicos, terapeutas, assessores, advogados, corretores, consultores, líderes espirituais, criadores de softwares e todos os personais (e eu) se enquadram aqui.

2 **Instruir:** melhorar o mundo transmitindo e sistematizando o conhecimento e a informação. São professores, jornalistas, pesquisadores, escritores, treinadores, analistas de sistemas e analistas de redes sociais.

3 **Entreter:** sua missão é divertir, distrair, promover a quebra de rotina e a elevação do espírito. São músicos, atores, palhaços, comediantes, bailarinos, contadores de histórias e palestrantes.

4 **Embelezar:** melhoram a experiência humana por meio da estética, da organização, da precisão e da harmonia. Engenheiros, arquitetos, paisagistas, pintores, designers, jardineiros, cabeleireiros, manicures, maquiadores e chefes de cozinha são exemplos de embelezadores.

5 **Multiplicar:** tornam a vida das pessoas mais confortável, produzindo e ampliando riquezas. São economistas, gestores de finanças, negociantes, investidores e empreendedores.

A grande sacada de pensar nas profissões pelo ponto de vista da motivação é ser capaz de perceber que talvez não seja necessária uma mudança radical de carreira.

Pequenas alterações a fim de abrir espaço para o seu dom podem significar grandes mudanças na sensação de que seu trabalho vale a pena.

Então, evite olhar para cada categoria como se fosse uma sentença de morte da outra. Veja de que maneira elas podem interagir e se somar, de modo que valorize ainda mais o seu dom.

Um chefe de cozinha pode se tornar mais um *ajudador* que um *embelezador*, se sua vocação o levar a focar mais o poder curativo dos alimentos que a apresentação visual dos pratos. Ele também pode ser um *entretenedor*, se a sua visão for transformar o modo de preparo em um verdadeiro espetáculo.

De maneira semelhante, um palestrante pode ser um *entretenedor* com uma pegada especial de *ajudador*, promovendo mudanças comportamentais significativas. Ou, ainda, ele pode ser mais *instrutor*, se sua apresentação oferecer muitos conceitos novos.

Você sabia que o seu dia a dia é a melhor fonte de pistas para encontrar o seu dom?

Ainda que não esteja levando a vida dos seus sonhos, acredite: ela ensina muito sobre quem você é e o que precisa fazer para ser feliz.

Veja o que aconteceu comigo, por exemplo.

Quando eu tinha uns 17 anos, o Sesi da minha cidade ofereceu um curso gratuito para formar novos cabeleireiros. Percebi que era uma excelente oportunidade de ajudar em casa, e me tornei cabeleireira.

Eu não era muito boa no corte feminino, confesso, mas, no corte masculino e na escova, eu mandava bem. Na verdade, melhor que minha habilidade em arrumar cabelos, era minha visão de negócios. Essa foi a primeira descoberta que fiz sobre mim mesma como cabeleireira.

Certa vez, atendi em minha casa um menino da guarda-mirim, que satisfeito com o resultado trouxe um colega.

De olho no potencial daquele nicho, batalhei por uma entrevista com o sargento, que depois me autorizou a cortar os cabelos de todos os meninos. E, assim, tornei-me a cabeleireira oficial da guarda-mirim de Carangola.

Foi um período bastante movimentado lá em casa e, como vocês podem imaginar, a partir daquele momento, podia faltar tudo, menos luz, porque eu dependia de energia elétrica para trabalhar.

Era ruim viver sobressaltada, sempre com medo de que o homem da companhia de energia chegasse, então tive a ideia de atender em domicílio.

Minhas clientes eram senhorinhas com dificuldades de locomoção. Algumas delas se queixavam de solidão, do vigor perdido e dos erros do passado. Entendi que minha missão ali era mais que embelezar velhinhas. Era ouvi-las sem julgamento e tentar devolver a elas um pouco do gosto pela vida. Esse foi outro dom que descobri em mim.

Ainda durante o curso, encarei um desafio e tanto. Perto do Sesi havia uma casa de dança, um forrozão, então nós, alunos, passamos a arrumar os cabelos das moças que iam se divertir lá.

Eram clientes exigentes, que queriam um liso perfeito para fazer bonito no salão. Percebi que elas gostavam de mim porque eu não tinha medo delas e bancava meu trabalho, mesmo quando não saía perfeito.

Essa capacidade de agir como se fosse a "rainha da autoconfiança" foi uma habilidade que me ajudou muito ao longo da vida, porque nem sempre acertei.

Gilberto, mais conhecido como Gordo e melhor amigo do meu irmão, foi um erro que se transformou em acerto. Ele veio à minha casa para um corte de cabelo e quase saiu com um caminho de rato na cabeça.

Eu deveria passar a máquina nas laterais e no pezinho, porém, no exato momento de finalizar o trabalho, o pente da máquina escapou e eu fiz uma falha enorme, bem no meio da cabeça do Gordo.

Por sorte ele era muito engraçado e começou a rir, e eu que não parava de tremer por dentro, pensando em como consertar o estrago.

Respirei fundo e tive uma ideia: transformar o talho em uma letra G, de Gilberto ou de Gordo.

Não sei se por bondade, excentricidade ou desapego, meu cliente-vítima saiu sem reclamar. Para minha surpresa, não demorou a aparecer mais gente querendo que eu fizesse a inicial do nome no cabelo... Meu erro virou moda!

Hoje sei que quando agimos com confiança, a mente acaba acreditando ser verdadeiro e, quando menos esperamos, ele se torna parte de nós.

Veja quanta coisa aprendi sobre meus dons durante a fase em que vivia com a barriga quente por causa do secador de cabelo! Você também pode fazer descobertas incríveis sobre seu dom, não importa de que maneira ganhe a vida.

Ainda que não tenha um trabalho empolgante, observe sua rotina e responda:

- Que atividades o energizam?
- O que você tem prazer em fazer?
- Em que atividades você se envolve tanto que o tempo parece voar?
- O que faria até de graça?
- O que as pessoas lhe pedem porque você faz melhor que os outros?

Depois de gerar uma lista de preferências (as coisas de que gosta) e aptidões (as coisas que faz bem), é hora de aprofundar sua pesquisa. Para isso, você vai precisar de alguns minutos com seus pais, irmãos, amigos de infância, cuidadores ou outras pessoas que o conheçam bem. Pergunte a eles:

- Qual interesse específico manifestei na infância?
- Que papel eu exercia nas brincadeiras em grupo?
- O que aprendi com facilidade?
- Qual era meu brinquedo favorito?

Se você não tiver oportunidade de falar com alguém sobre isso, tente se lembrar da criança que você foi.

O mais importante é abrir sua mente e seu coração para as respostas que surgirem e reconhecer, até mesmo nas críticas, alguma habilidade sua. Uma criança que sempre dá um jeito de escapar da hora do banho tem algum talento, concorda?

O mais importante é abrir sua mente e seu coração para as respostas que surgirem e reconhecer, até mesmo nas críticas, alguma habilidade sua.

O dom em ação

Agora é o momento de refinar a grande lista que você criou. Selecione, instintivamente, as suas três opções de atuação que parecem reunir o maior número de vantagens.

Em seguida, selecione uma opção para ser seu plano A, segundo os seguintes critérios:

- a que representa menos riscos;
- a que melhor aproveita o que eu já tenho, sei e faço;
- a que vai empregar o maior número de aptidões e preferências;
- a que vai impactar positivamente o maior número de pessoas.

Decisão tomada, é hora de juntar todos os recursos para tornar realidade seu plano A, não importando se implica uma mudança radical de carreira, uma mudança de emprego, uma reciclagem profissional, um projeto de um ano sabático, um trabalho em caráter voluntário ou simplesmente um *hobby*.

7

O segundo passo: assuma o seu dom

"O gênio, esse poder que deslumbra os olhos humanos, não é outra coisa senão a perseverança bem disfarçada."

(Johann Goethe)

Aqui se encaixa a segunda pergunta que eu fazia quando criança: "O que você faz na empresa do meu pai?".

Reflita sobre o sentido aprofundado dessa questão: "O que você está fazendo com seu dom? O seu trabalho reflete o seu dom?".

O dom, por si só, não faz nada por você. Ele deve ser trabalhado para fazer a diferença na sua vida e na vida das pessoas e, assim, trazer a felicidade.

Talvez queira saber neste momento como desenvolver seu dom. Vou ensinar as estratégias que usei no começo da carreira. Elas me ajudaram a aprimorar meu dom de facilitar a rotina de pessoas importantes.

Assuma um compromisso público de competência

A coragem de verbalizar uma meta foi o segredo da minha virada.

Eu estava em um almoço de aniversário de uma amiga e era a mais malvestida do lugar. Tinha acabado de chegar ao Rio de Janeiro, vinda de Carangola, onde já havia trabalhado como cabeleireira e até mesmo na roça.

Sabia que não tinha um currículo brilhante nem um diploma de primeira linha para mostrar. A única coisa que eu tinha era meu dom e minha firmeza de propósito. Esse era o ponto forte que eu podia ressaltar.

Então, conheci pessoas ali que me deram a oportunidade de organizar seus armários, pagar suas contas e planejar suas viagens. E assim me tornei uma *concierge* autônoma. Aliás, muito recentemente passei a usar a palavra *concierge* para definir melhor o serviço de organizar rotinas e roteiros de viagens.

A chave para praticar seu dom está em assumir o que você quer de verdade. Enquanto fica com vergonha do seu objetivo, ele não acontece, ao passo que falar dele para outras pessoas cria em você a obrigação de cumpri-lo.

A chave para praticar seu dom está em assumir o que você quer de verdade. Enquanto fica com vergonha do seu objetivo, ele não acontece, ao passo que falar dele para outras pessoas cria em você a obrigação de cumpri-lo.

É como prometer dar um presente a uma criança. Ela não vai deixá-lo se esquecer do assunto até que cumpra com sua palavra, não é verdade?

Verbalizar uma meta é como assinar um contrato com você mesmo, tendo o universo por testemunha.

Os grupos de apoio usam muito essa tática para engajar as pessoas em suas causas: emagrecer, parar de beber, livrar-se da dependência afetiva etc.

Então, se, como eu, você também ouviu dizer que quando externamos nossos planos eles "goram", esqueça essa bobagem. Nada pode atrapalhar mais a execução dos seus objetivos do que a sua falta de comprometimento com eles.

Lembre-se de que a sua causa é ser feliz por meio do seu dom. Escolha pessoas de confiança e se abra sobre seus planos com elas. Se sentir falta de apoio, crie sua comunidade na internet e um grupo de incentivo! O importante é dizer ao mundo que está pronto para ser feliz e correr atrás do conhecimento que lhe falta para isso, se for o caso.

Treine até ficar bom

Um dos maiores erros das pessoas talentosas é querer começar de cima. Elas não sabem que exposição sem preparo é como dar um tiro no pé; só serve para queimar a carreira e atrofiar o dom delas.

Quando minha filha disse que queria ser atriz, em vez de lançá-la sem preparo nos *castings* (seleções de atores) como muitas mães fazem, resolvi que levaríamos o sonho de Lara a sério.

Investimos pesado em um bom curso de teatro e também em *coaching* de interpretação, até que ela pudesse assumir um pequeno papel em um seriado da TV Globo.

Tenho o maior orgulho em dizer que minha filha teve um dos menores papéis de *Malhação*!

A grandeza de aceitar com humildade um pequeno desafio é o que vai torná-lo apto a encarar desafios cada vez maiores. E a felicidade espera por você bem longe da sua zona de conforto.

Lara sabe disso e continua a se qualificar. Segundo a teoria das dez mil horas, faltam "apenas" umas 9.500 para que ela se torne uma atriz acima da média.

A regra se aplica a qualquer um de nós. De acordo com o pesquisador inglês Malcolm Gladwell, em seu livro *Fora de série – Outliers*, dez mil horas são o tempo de prática necessário para atingirmos um nível de desempenho ótimo em qualquer atividade.

Isso equivale a oito horas por dia, durante três anos e meio. Ou a três horas por dia, durante dez anos. Se você encarar seu dom como *hobby* e dedicar a ele uma hora do seu dia, vai levar 27 anos para chegar perto da excelência.

Parece muito tempo? Sim, para quem ainda não encontrou seu dom, porque quem já o descobriu, sabe que o tempo voa quando se trabalha com paixão. E, então, se dedica a ele de corpo e alma, com intensidade e trabalhando diariamente o tempo que for necessário, para concretizá-lo no menor prazo possível.

Aliás, a paixão pelo exercício do dom não apenas atenua o peso do tempo, como de fato abrevia as tais dez mil horas.

Quem comprovou esse fenômeno foi o psicólogo húngaro Mihaly Csikszentmihalyi (um dom que descobri que não tenho é o de pronunciar esse sobrenome).

Segundo Mihaly C. (abreviando fica mais fácil), o prazer derivado da concentração extrema em uma tarefa nos conduz não apenas à excelência, mas também à felicidade: "(...) os melhores momentos (de nossa vida) ocorrem quando o corpo ou a mente de uma pessoa são exigidos até o seu limite, num esforço voluntário para realizar algo difícil e de grande valor", explica o autor do livro *A descoberta do fluxo.*

Meu irmão, Carlos, é a pessoa mais "no fluxo" que conheço. Ele descobriu ainda menino o dom de encantar o mundo com sua bateria, e é fazendo música que ele vive desde então.

Devo dizer que a bateria não é o mais importante no seu processo de aprimoramento, porque, mesmo sem o instrumento, o Du – como carinhosamente o chamo – está sempre "tocando". Em vários momentos do dia, você pode flagrá-lo de mãos cerradas, empunhando suas baquetas imaginárias e "tirando um som" em algum lugar de sua mente de artista.

Confesso que algumas vezes pode ser irritante fazê-lo prestar atenção em você nesses momentos, mas admito que é muito bonito ver uma pessoa em fluxo, alheia ao mundo e tão entregue ao seu ofício.

Não tenha medo, preguiça ou vergonha de agir "como se", como fazem as crianças quando brincam, nem de treinar como um iniciante ou até mesmo de parecer um artista excêntrico.

Não importa quão sênior você tenha sido até hoje. Você está começando algo novo, então é como se fosse um adolescente! Ou melhor, como uma criança que descobre novidade em tudo e quer explorar tudo o que percebe no mundo.

> *Empregue toda a sua energia em um desafio que tenha seu tamanho - não inviável nem fácil demais, pois cada degrau deve ser galgado no seu próprio momento.*

Empregue toda a sua energia em um desafio que tenha seu tamanho – não inviável nem fácil demais, pois cada degrau deve ser galgado no seu próprio momento – e que seja parte de uma missão preciosa para você.

Assim, você vai chegar bem perto dos gênios – ou, quem sabe, superá-los!

Invista na imagem da competência

Você já deve ter percebido que não basta ser bom e trabalhar duro. Também é preciso se mostrar ao mundo dessa forma.

Fazer marketing pessoal, sem conteúdo legítimo, não funciona. Se, porém, é bom no que faz, se sabe que pode contribuir com o dom para produzir resultados, deixe o mundo saber disso.

A mudança de Carangola para o Rio me ensinou muito sobre as leis do mercado de trabalho, principalmente sobre a importância do networking e da apresentação pessoal.

Vou contar mais uma passagem daqueles tempos difíceis, não para que você diga que sou uma heroína, mas para que nunca mais use a falta de recursos financeiros como desculpa para descuidar de sua imagem profissional.

Como você deve saber, o cartão de visitas é importante na hora de fazer um contato profissional. Dizem que ele é como o aperto de mão que você deixa com alguém ou o registro que escolhe deixar na memória do outro.

Por isso, os especialistas em carreira sugerem uma série de itens para a confecção de um bom cartão de visitas: ele não deve conter muito texto, nem abusar de imagens, deve valorizar o contraste entre papel e cor do texto, distribuir as informações de maneira organizada e, se possível, trazer o logo da empresa que se representa.

Para garantir que tudo isso seja levado em conta, parece oportuno contratar um designer e uma boa gráfica, certo?

Acontece que eu não tinha dinheiro para contratar um designer e sequer para mandar fazer cartões de visita, mas sabia que teria de achar um jeito decente de deixar meus contatos com os recrutadores quando chegasse ao Rio de Janeiro.

A alternativa que encontrei foi pedir a uma amiga que trabalhava em uma gráfica que fizesse um carimbo. Comprei cartões em branco, que eram mais baratos, e carimbei uma centena deles.

Quando ia às entrevistas de seleção nas empresas, eu não tinha um currículo poderoso, mas tinha o que entregar: um cartão com meu nome, o número do meu celular pré-pago e o *slogan* que inventei encostada no balcão da gráfica: "Quem tem Dom tem tudo".

Tenho certeza de que esse gesto ousado em circunstâncias humildes ajudou a definir minha contratação porque o mercado valoriza a aura de profissionalismo, mesmo quando os recursos materiais são limitados.

Quem não quer tudo dentro dos conformes, bem-feito e elegante? Olhe a capa deste livro! Eu passo a mão em cada detalhe e me alegro por ela ter ficado exatamente como imaginei.

Essa capa bonita é a prova do quanto caminhei e cresci, mas não é ela que me lembra da minha força. É aquele carimbo, que ainda guardo como uma relíquia, que me lembra de que não preciso esperar as condições perfeitas para me atirar em um projeto novo.

Não espere as circunstâncias mudarem para só então começar a agir – quando tudo já estiver perfeito. A imagem da competência quem cria é você.

Lembre-se, como no poema de Antonio Machado, "O caminho se faz caminhando".

8

O terceiro passo: realize o seu dom

Algo muito importante a ser compreendido é que não basta saber qual é o seu dom, ser competente para realizá-lo e torná-lo visível. Se quiser experimentar a verdadeira realização, o impacto do seu dom tem de transcender os limites de você mesmo. E mais: tem de ser compensador!

Vejo muita gente talentosa e esforçada se esquecendo de alguns detalhes importantes para ser, além de feliz, bem-sucedida. Em geral são pessoas que reclamam que o reconhecimento nunca vem, embora façam "tudo direitinho".

Eu diria para essas pessoas que talvez sejam elas mesmas que não busquem o reconhecimento que merecem e que lhes é justo.

Para você não ser mais um integrante do coro dos que quase dão certo, comece por aqui:

Descubra onde estão as oportunidades

Cuidado com as pessoas alarmistas que vão aparecer no seu caminho com o velho discurso de que "o mercado está saturado". A maior besteira que uma pessoa pode cometer é abrir mão de seu dom para abraçar o que ela pensa que o mercado está querendo, só porque parece mais cômodo.

Nestes tempos de economia volátil e mudanças vertiginosas no comportamento do consumidor, optar pelo que parece garantido pode acabar tornando-o um refém do pior de dois mundos: amarrado em um trabalho que não satisfaz nem o mercado nem você!

A maior besteira que uma pessoa pode cometer é abrir mão de seu dom para abraçar o que ela pensa que o mercado está querendo.

Tenha em mente que, enquanto as pessoas tiverem necessidades, haverá oportunidade para todos. Inclusive para o produto criado a partir do seu dom. Você só tem de descobrir quem são e onde estão seus potenciais compradores.

E resolver isso é simples: pergunte!

Quem não consulta os potenciais consumidores raramente sabe o que fazer, e pior, o que não fazer!

Por isso também há empresas que fecham as portas da noite para o dia: elas não resolvem o problema dos clientes.

Descubra quem é seu público e então bastará um olhar sem vícios para encontrar seu diferencial naquele setor, uma forma de fazer seu dom trabalhar para preencher a necessidade do seu cliente.

Vou dar um bom exemplo de reinvenção profissional. Que imagem vem à sua mente quando eu falo a palavra "bibliotecário"? Provavelmente, você vê a moça de óculos na ponta do nariz que organizava os livros, controlava os empréstimos e as devoluções dos exemplares e mandava as crianças menos quietas ficarem em silêncio, na biblioteca do bairro.

Em princípio, parece absurdo alguém cogitar ser bibliotecário na era dos *e-books*, não é mesmo? Se pensarmos nas bibliotecas como as conhecemos há vinte anos, sim, parece um despropósito escolher essa profissão.

Se, porém, eu disser que as empresas acumularam milhões de informações que não conseguem administrar e das quais podem precisar em um momento de crise, e que o profissional encarregado de gerir tudo isso é uma espécie de bibliotecário digital? A profissão se torna mais atual do que nunca, não é mesmo?

Como o bibliotecário ou o cientista da informação, outros profissionais podem e devem se reinventar, bastando adaptar seu dom e suas práticas às necessidades que as pessoas têm (ou que nem imaginam que têm...).

Portanto, mãos à obra!

Trate de pesquisar não apenas o que tem sido feito, mas, principalmente, o que falta fazer na área em que seu dom pode ser aplicado.

Um bom ponto de partida é pesquisar profissões, cursos, empresas em que você pode exercer seu dom, mas não desperdice nenhuma oportunidade de conversar com pessoas que talvez precisem de um serviço relacionado a ele.

Só não venha com as velhas desculpas de falta de tempo ou dinheiro. Você pode fazer muita coisa sem ter de abalar sua estrutura material atual.

Que tal distribuir um questionário virtual em suas redes sociais para saber do que as pessoas precisam ou o que desejam?

Você tem de checar toda e qualquer ideia, por mais inovadora que possa parecer. E aceitar os resultados, quando apontam que essa ideia não é tão genial assim…

Direcionar seu dom para um grupo específico de pessoas é o "pulo do gato" do método.

> *Direcionar seu dom para um grupo específico de pessoas é o "pulo do gato" do método.*

Quando oferecer às pessoas o presente que a vida lhe deu, traduzido de uma maneira que preencha um anseio delas, não faltará mais nada para que seja feliz. Nem clientes ávidos por consumir o que você tem a oferecer. E é claro que esses clientes vão pagar de bom grado pelo que tem para eles.

Tenha um mentor

Para chegar mais depressa ao destino almejado, a melhor solução é contar com a ajuda de alguém que já chegou lá.

Se tem medo de parecer inconveniente por pedir conselhos a um especialista, lembre-se de que todo grande profissional, a menos que tenha aberto um caminho totalmente novo, começou como assistente de outro grande profissional.

J. J. Abrams, criador do seriado *Lost* e diretor do último episódio da saga *Starwars*, é o novo queridinho da indústria cinematográfica. Você sabe como ele chegou lá?

Nos anos 1980, Abrams era um garoto de 15 anos com uma câmera na mão e um ídolo na cabeça: Steven Spielberg.

Ao fazer sucesso em um festival de cinema em formato Super-8, Abrams acabou chamando a atenção de seu ídolo, que o convidou para restaurar dois filmes que ele havia feito quando jovem.

Abrams chegou a pensar que se tratasse de uma pegadinha, mas acabou aceitando a proposta de Spielberg e construiu uma brilhante carreira sob a batuta do gênio de *E.T. – O extraterrestre*, dentre outros campeões de bilheteria.

Até hoje, eles têm uma relação de *mentoring* que é no mínimo inspiradora. J. J. Abrams recicla e expande o que aprendeu com Spielberg, que, por sua vez, conta com as novas ideias trazidas por seu pupilo para rejuvenescer sua obra.

Se você quer ter uma relação de *mentoring* tão bem-sucedida quanto a de Steven Spielberg e J. J. Abrams, considere estes três aspectos:

Escolha um mentor que realmente admire

Já foi dito que nosso ídolo é alguém que contém algo de nós mesmos em um estágio mais avançado. Essa é uma grande verdade: deve haver uma identificação entre você e seu mentor. Você deve ver nele alguém muito parecido com quem você quer se tornar um dia e ele tem de ver em você alguém com a garra e o potencial semelhantes ao que possuiu no começo da carreira.

Tenha coragem para pedir ajuda

Esteja certo de que todo bom profissional sente o desejo genuíno de ver sua obra continuada. Então, não tenha vergonha de se aproximar de seu ídolo e oferecer seu tempo, sua energia, suas críticas ou ideias para ajudá-lo, em troca de oportunidades de aprendizado. Todo mentor aprecia o discípulo que tem algo a oferecer.

Tenha humildade para começar de baixo

Existe uma grande diferença entre ser um aprendiz interessado e um amador interesseiro, e cedo ou tarde todo profissional de prestígio distingue a pessoa que quer aprender, crescer e retribuir daquela que quer apenas fazer carreira pegando carona no sucesso alheio.

Talvez você tenha de começar pequeno, distribuindo canetas ou carregando equipamentos, mas não menospreze a importância das tarefas que seu mentor lhe pedir que execute. Cada uma delas implica o aumento de aprendizado, experiência e o mais importante: da confiança entre vocês dois.

Como diz o escritor e palestrante Roberto Shinyashiki, "Ofereça-se para carregar a mala do seu ídolo". E faça isso com prazer. Essa pode ser a primeira porta para seu sucesso.

Elabore um plano de transição

Sem um plano, é difícil mudar de vida de uma hora para a outra.

Com uma boa pesquisa de mercado em mãos e com a ajuda de um mentor realmente interessado no seu sucesso, tudo se torna mais fácil, mas existem providências que dependem exclusivamente de você.

É possível que por um bom tempo você tenha de ficar com um pé em cada profissão, até ter as condições necessárias para migrar para sua nova vida. Caberá a você desenvolver uma resistência maior a frustrações, a atrasos e a obstáculos, além da disposição de dormir menos horas, papear menos com os amigos e navegar menos na internet, para poder se dedicar ao seu futuro.

Isso pode significar ter de fazer um caixa e cortar despesas até sua nova empreitada decolar, e ainda engajar toda a família no seu plano.

Só você sabe o que vai ser preciso para fazer acontecer. Você só não pode esperar que um milagre aconteça e que, num belo dia, você amanheça plantado na sua vida ideal.

Só você sabe o que vai ser preciso para fazer acontecer. Você só não pode esperar que um milagre aconteça e que, num belo dia, você amanheça plantado na sua vida ideal.

Cristiano tinha uma vida confortável como advogado e queria ser um grande escritor de romances. Ainda que já tivesse dado os primeiros passos rumo ao seu sonho e publicado alguns livros, ainda faltava um tanto para se tornar um autor best-seller.

Então, elaborou uma lista de atividades que poderia exercer para sobreviver do ofício que amava, enquanto adquiria a *expertise* necessária: produzir conteúdo para blogs, escrever livros sob encomenda, revisar artigos, roteirizar filmes publicitários etc.

O mais importante de tudo isso foi Cristiano ter fixado um prazo para completar a transição. Ele sabia que corria o risco de se acomodar em um estado medianamente confortável, que poderia se tornar um paliativo por tempo indeterminado.

Com um plano de transição bem-feito, e mantendo-se ligado a tudo o que tinha a ver com seu dom, Cristiano chegou, por fim, aonde queria: tornou-se um escritor de sucesso e passou a viver exclusivamente da renda proveniente dos livros que escrevia.

Então, faça como Cristiano e, além das estratégias de transição, não se esqueça de incluir em seu planejamento metas e prazos para cumpri-las.

Faça mais do que o combinado

Você entra em uma cafeteria e pede um *cappuccino*. Tudo o que você espera é que ele venha quente e espumoso e que a garçonete não se esqueça de trazer o adoçante à parte, como você pediu.

Agora a garçonete vai se aproximando com seu pedido e de longe você vê uma fumacinha saindo da xícara: "Está bem quente!", você conclui aliviado.

Vê também que ela está trazendo o adoçante e pensa: "Ainda bem, peguei uma menina eficiente!".

A história poderia acabar com você pagando a conta e saindo sem motivos para reclamar do serviço.

Contudo, imagine que, quando sua bebida chega à mesa, você vê na espuma do *cappuccino* o desenho de uma carinha feliz, como o da capa do livro que você está lendo agora. Você fica surpreso, certo? Tem vontade de sorrir, não é?

Como você viu no começo do livro, as pessoas têm se sentido machucadas e esperado o pior umas das outras.

Pequenos gestos de encantamento, como um desenho na espuma do café, têm o poder de melhorar o dia de uma pessoa que acordou ao lado de alguém que não ama, que tem uma reunião difícil pela frente ou que acabou de receber um diagnóstico ruim.

Se você quer ser bem-sucedido, tem de estar preparado para fazer o que ninguém faz, não apenas porque isso representa uma vantagem competitiva, mas porque sua felicidade não se completa quando as pessoas saem da sua presença com motivos para reclamar.

A sua felicidade se completa quando as pessoas se lembram de você com motivos para voltar a encontrá-lo.

A minha experiência de fazer escova nas moças do forró me fez ver que tenho o dom de satisfazer pessoas difíceis. Hoje, uma das minhas especialidades como *conciergerie* é criar roteiros de viagem personalizados.

Certa vez, fui procurada pela Andrea Figueiredo, que vivia um dilema: ela adorava a sensação de estar na água e queria muito mergulhar, mas morria de medo de peixes.

Encarei como missão tornar o sonho dela uma realidade. Então, depois de muita pesquisa e negociação, conquistei uma vantagem única para minha cliente.

O gerente de um *resort* concordou em isolar uma pequena área no mar para que ela pudesse mergulhar por alguns minutos sem a presença – para ela assustadora – de qualquer animal marinho.

Se eu tivesse ridicularizado as moças que queriam ter um cabelo liso para exibir no forró, jamais poderia ter proporcionado à Andrea uma experiência tão inesquecível como a de mergulhar completamente só.

O segredo do seu sucesso depende de levar a sério os sonhos das pessoas, sejam eles quais forem. E de exceder as expectativas sempre.

Sua missão não termina quando você encontra o que falta para ser feliz. Sua missão é expandir, por toda a vida, a felicidade conquistada. E isso só é possível quando sua felicidade contribui para a felicidade dos outros.

Lembre-se de que sua missão não termina quando você encontra o que falta para ser feliz. Sua missão é expandir, por toda a vida, a felicidade conquistada. E isso só é possível quando sua felicidade contribui para a felicidade dos outros.

Realizar o seu dom é servir e ter prosperidade com isso

*"Quem não vive para servir
não serve para viver."*

Mahatma Gandhi

É claro que Gandhi tinha razão. No entanto, servir não significa necessariamente deixar de ganhar dinheiro.

Você pode, sim, e deve, ganhar dinheiro com seu dom. O dinheiro é a ferramenta que potencializa as possibilidades e o ajuda a servir mais e melhor.

A partir daí, a recompensa financeira é uma consequência de você, com seu dom, gerar benefícios e facilidades no mundo. Se seu dom for bem compreendido e exercido, suas chances de viver financeiramente a partir dele serão maiores.

O segredo do sucesso com felicidade é não perder de vista o bem-estar do outro. Mais ainda, é descobrir como usar seu dom para proporcionar satisfação ao outro.

Então, faça as pessoas sorrirem por meio do seu dom, e elas o tornarão uma pessoa cada vez mais próspera. E prosperidade inclui também ganhar dinheiro, é claro!

9

A felicidade como sistema

É natural que esteja se perguntando o que vem primeiro: a felicidade ou o propósito que vai levá-lo até ela?

A felicidade é o objetivo primordial do ser humano porque é ela que dá sentido a todos os outros objetivos. E como essa emoção é deliciosamente viciante, quem é feliz tende a buscar mais experiências que reforcem esse estado de alma.

Entretanto, antes de tudo, de qualquer objetivo e até da felicidade em si, vêm as atitudes fundamentais que alimentam o que chamo de *sistema felicitário*. *Sistema* porque, se os três princípios que explicarei a seguir não operarem em conjunto, a felicidade não acontecerá.

Expressão individual, *superação* e *prazer em servir* são as três competências das pessoas que vivem um estado de satisfação acima da média e que tornam possível aplicar o Método Dom.

A boa notícia é que, como qualquer outra competência, essas três também podem ser treinadas.

Vamos explorar cada uma delas para que você não perca mais um dia sequer sem alimentar seu *sistema felicitário*!

Expressão individual

"Algumas pessoas têm amor por você,

outras têm raiva.

O que sentem nem sempre depende do seu
comportamento. As reações delas às vezes
são justas, outras vezes são injustas. (...)
Pouco importa o julgamento dos outros.
Os seres são tão contraditórios que é impossível (...)
satisfazê-los. Tenha em mente
simplesmente ser autêntico e verdadeiro."

(Dalai Lama)

Assim como não existem duas folhas de árvore idênticas, nem duas digitais idênticas, também não pode haver dois projetos de felicidade idênticos.

Pessoas felizes costumam ter um jeito que é só delas. Em outras palavras, são mais originais e menos preocupadas em se parecer com todo mundo.

"Com esse nariz, você nunca vai poder estar na capa de uma revista..."[1]

Se Gisele Bündchen tivesse dado ouvidos a críticas como essa e desistido da carreira de modelo, o mundo in-

---

[1] Disponível nos links: <http://www.quemdisse.com.br/frase asp?f=diziam-que-com-o-meu-nariz-eu-nunca-poderia-estar-na-capa-de-uma-revista&a=gisele-bundchen&frase=51534>, <http://rd1.ig.com.br/famosos/nao-era-uma-opcao-diz-gisele-bundchen-sobre-cirurgia-no-nariz/219349> e <http://mais.uol.com.br/view/97sdpjrdcnh3/gisele-bundchen-e-o-defeito-que-a-transformou-em-estrela-04024D9B3368C0B14326?types=A&>.

teiro não teria se encantado com seu dom de dar vida às grifes que representa.

Gisele seguiu em frente e inspirou o conceito de *über model* - modelo acima das *top models* - justamente por ser diferente e por ter um jeito único de desfilar, dando uma paradinha no final da passarela.

Pessoas originais como Gisele Bündchen foram educadas ou se reeducaram para a felicidade, e aprenderam a não se incomodar com os olhares de reprovação das pessoas ditas normais.

Elas descobriram que vale a pena expressar seu dom, porque, se por um lado há quem não goste de pessoas de personalidade marcante, por outro lado há quem as adore e siga.

Experimente observar as pessoas à sua volta e você vai ver que aquelas que souberam fazer da diferença uma vantagem competitiva são as mais felizes e, não por acaso, as mais bem-sucedidas também.

Em sua obra, *O poder da energia*, o especialista em motivação Brendon Burchard salienta que a expressão individual não é um capricho; é um fator de empregabilidade.

Hoje, o valor de um profissional é medido pela sua capacidade de criar ideias, ferramentas, tecnologias e conteúdos que ajudem as pessoas a entrar em contato com seu potencial ou a se expressar melhor.

De quebra, isso traz realização: "Quando você põe seu toque pessoal em um projeto, você sente que está exercendo um impacto real", afirma Burchard.

O poder da expressão individual explica o sucesso das redes sociais e as fortunas que seus fundadores fizeram com elas.

Quando postamos uma foto ou um vídeo que emociona, não nos conectamos apenas com quem está do outro lado, mas ajudamos essa pessoa a se conectar com o que há de melhor dentro dela.

Os adolescentes (e os nem tanto) desfrutam do prazer de expressar sua individualidade abusando de *egoshots* ou *selfies*, como são chamados os autorretratos que povoam as redes.

A valorização das diferenças não é importante apenas no campo profissional. É também o segredo dos relacionamentos felizes. Quando você honra sua unicidade, vê o outro como um ser especial, e não como um estranho.

Somente quando cada um pode ser ele mesmo, pode-se dizer que existe uma relação. É quando ninguém precisa se anular para ser amado. Basta que concordem nas "coisas grandes" (princípios éticos, por exemplo), que as pequenas imprimem um colorido extra à união.

Quando você honra sua unicidade, vê o outro como um ser especial, e não como um estranho.

Quantos casais verdadeiramente felizes você conhece? Eu conheço poucos. A maioria deles se limita, quando muito, a ser apenas um casal ou a ser apenas uma dupla.

Vou explicar melhor minha visão de um casamento feliz.

Quando um casal é só um casal, eles se curtem, sentem atração um pelo outro, transam bem, conversam um pouco, riem um pouco, compreendem-se outro tanto, mas não experimentam uma parceria profunda para além da vida conjugal.

Em contrapartida, quando um casal é só uma dupla, eles se curtem, sentem admiração um pelo outro, trabalham bem em conjunto, debatem um pouco, prosperam outro tanto, mas não experimentam uma conexão visceral que transcende o lado prático da vida a dois.

Patrícia e Ivan[2] são um casal que ao contrário do casal "dupla" citado acima, são felizes. Apesar de terem profissões bem diferentes – ela é produtora de conteúdo digital e ele é auditor fiscal –, eles concordam nas "coisas grandes".

Ela conta que jamais suportaria estar ao lado de um homem que tratasse mal o manobrista e que não desse gorjeta ao garçom, por mais romântico e carinhoso que ele fosse com ela.

Diz que o ama porque ele tem caráter, é amigo dos amigos e não se deixa abater pelos problemas. Ela é apaixonada porque ele não deixa de seduzi-la com mimos e surpresas, mesmo depois de cinco anos de casados.

Ele diz que a ama porque ela é a mulher mais íntegra que ele conhece, e que a deseja porque ela é gostosa (simples assim) e gosta dela porque ela dá conselhos sábios e adora alho. Comida temperada com bastante alho, para Ivan, é "coisa grande", vai entender.

---

[2] Nomes fictícios.

Quando perguntei por que eles decidiram se casar, Patrícia respondeu que é porque se sente tão bem na presença de Ivan, que é como se estivesse sozinha. "Positivamente sozinha", salienta. Ela aprecia os momentos em silêncio, é caseira, adora ler e dormir, e ele respeita isso.

Ela também acha ótimo que ele passe alguns fins de semana pescando com os amigos, porque assim ele pode dar vazão ao seu lado sociável enquanto ela põe o trabalho em dia, cuida das orquídeas ou pinta uma parede da casa de cor diferente.

O segredo desse casal é a maneira como eles escolheram lidar com os problemas. "Tem momentos em que sou a menininha da relação, tem momentos em que ele é o bebezão. E quando estamos os dois frágeis, tomamos cuidado para não nos machucar ainda mais. Ficamos em silêncio, encaixadinhos, ou cozinhamos um macarrão com muito molho branco... e alho", ela explica.

Quando eles ainda estavam se conhecendo, assumiram o compromisso de falar até as verdades mais duras e de não atacar os pontos fracos de cada um na hora das discussões.

Sim, discussões existem – e não são poucas – na vida de um casal que respeita as individualidades. O que importa é que ao final eles chegam a um consenso e reforçam o propósito de seguir juntos: ela o inspira a crescer e ele é o fã número um dela.

É verdade que amar, desejar e gostar com reciprocidade depende de alguma sorte e também de muita procura, mas tenho certeza de que o primeiro passo para uma história de amor bem-sucedida é a disposição de se revelar sem reservas, como Ivan e Patrícia têm feito.

Para nos sentirmos parte de um todo em que o reconhecimento, a sensação de pertencimento e o senso de propósito sejam uma realidade, a expressão individual deve ter um *porquê*, um *como* e um *para quem* bem claros.

O Método Dom é a base segura a partir da qual você poderá alçar voos mais altos, abraçar desafios maiores, empregar recursos até então subaproveitados, deixar sua assinatura no mundo e, assim, ser feliz de fato.

Para experimentar esse processo fascinante, sugiro um exercício que ajudará a turbinar sua autoexpressão. Você vai precisar muito dela daqui por diante!

Papel e caneta a postos (não largue mais esses dois acessórios, ok?), responda:

- Que aspecto da minha imagem ou personalidade pode se tornar um diferencial?
- Como seria meu visual se ele expressasse fielmente minha essência?
- Que pequenas mudanças posso fazer para que minha casa, meu quarto ou minha mesa de trabalho tenham minha cara?
- Que *hobby* criativo tem a ver comigo?
- Se eu fosse um poema, qual seria o título?

Talvez agora você esteja sentindo uma vontade enorme de mudar alguma coisa na sua aparência, no ambiente em que vive ou na sua rotina. Quem sabe até escrever um poema ou se apaixonar outra vez... Passar vontade pra quê? Experimente-se!

Superação

"Dificuldades preparam pessoas comuns para destinos extraordinários."

(C. S. Lewis)

Pode parecer estranho, mas nossas avós tinham razão: "o que não mata, engorda".

Superação não é apenas sobreviver, dar a volta por cima; é sair do problema com ganhos, literalmente sair por cima.

O pesquisador Daniel Gilbert usou a própria experiência como exemplo da capacidade humana de atenuar o impacto dos eventos negativos. Em um curto espaço de tempo, a mãe e o orientador dele faleceram, o casamento entrou em crise e o filho passou a ter problemas na escola.

Gilbert, que na Universidade Harvard é conhecido como "Professor Alegria", contou ao site Science Times que, ao contrário do que ele mesmo esperava, deu a volta por cima e seguiu adiante melhor do que antes.

Ele explicou que, à exceção de pessoas clinicamente depressivas, nossa tendência é a de nos tornarmos ainda mais felizes depois de atravessar uma grande dor.

Quando o iatista Lars Grael teve a perna direita arrancada pela hélice de uma lancha, ele pensou que não fosse superar com facilidade aquela perda.

Ele teve de se afastar do esporte em que havia conquistado medalhas olímpicas e passar por um processo doloroso, física e emocionalmente, até se adaptar à condição de amputado.

No entanto, ao conviver com outros atletas que haviam superado a deficiência, ele se viu motivado a reunir forças e mostrou que, quando não nos acomodamos na dor e acionamos o nosso dom em prol de uma causa, somos capazes de feitos surpreendentes.

Depois do acidente, ele ocupou importantes cargos políticos, passou a fazer palestras, voltou a se dedicar à vela e se tornou pai outra vez. Ou seja, ele descobriu que tinha outros dons!

O mais interessante da virada do atleta é que, ao superar a tragédia, ele superou também as tendências depressivas que tinha, transformando-se em um homem ainda mais feliz: "Sou mais feliz do que pensa a maior parte das pessoas que me veem na rua e me consideram um coitado.", ele afirmou em entrevista à revista *Veja* (edição 1835, de 7 de janeiro de 2004).

A história de Lars Grael nos ensina que não importa o que vem primeiro; se é a felicidade que nos ajuda a superar ou se é a superação que nos torna mais felizes.

O fato é que as pessoas felizes se recuperam mais rapidamente: "Elas veem as situações adversas como temporárias e passíveis de gestão – o preço a pagar pelo aluguel de espaço no planeta",[3] explica a psicóloga norte-americana Shelley Prevost, que estuda a relação entre superação e felicidade.

Ficar triste depois de uma perda, uma doença ou uma decepção é normal, mas, se desconfia que está demorando tempo demais para se recuperar de um baque desses, que fazem parte da vida de qualquer pessoa, aconselho a consultar um especialista – é possível que algo físico precise ser corrigido para ajudá-lo a ser feliz novamente.

Talvez, também, nunca tenha passado por um obstáculo tão grande como o que Lars Grael superou, mas a lição que ele aprendeu serve para você.

Reflita sobre o modo como tem lidado com cada pequeno contratempo do dia a dia e adote o modelo mental dos vencedores, que é agir com otimismo e perseverança.

Em vez de se afogar em um mar de lamúrias, pense e responda:

- Que lição esse problema ensina sobre mim mesmo?
- Que lição esse problema ensina sobre a vida?
- Que lição esse problema ensina sobre os outros?
- Que aspecto positivo posso extrair dessa experiência?
- O que posso ensinar aos outros depois de superar esse obstáculo?

---

3 Para saber mais sobre isso, veja o blog da autora: <http://www.inc.com/author/shelley-prevost> (em inglês).

Lembre-se: sua grande virada começa quando você decide dar a volta por cima em grande estilo.

Prazer em servir

"Adormeci e sonhei que a vida era alegria;
despertei e vi que a vida era serviço;
servi e vi que o serviço era alegria."

(Rabindranath Tagore)

A esta altura, você já percebeu que felicidade tem mais a ver com seu lado instintivo e rebelde do que com seu lado acomodado e submisso. Ouso dizer que ser feliz tem algo de subversivo porque vai na contramão do estilo de vida dos insatisfeitos de plantão.

Embora a busca da felicidade comece dentro de cada um de nós, ela não é um processo egoísta.

Perseguir o que nos faz felizes, porém, não tem nada a ver com viver como um selvagem ou jogar fora a boa educação que recebemos.

É importante perceber que, embora a busca da felicidade comece dentro de cada um de nós, ela não é um processo egoísta. Ao contrário, somos seres sociais em essência, portanto, as pessoas sempre vão desempenhar um papel fundamental na nossa percepção de que a vida vale a pena.

Segundo o psicólogo norte-americano Abraham Maslow, uma vez que as necessidades básicas sejam atendidas e alguma segurança conquistada, o que queremos é interagir: amar e ser amados, fazer parte de um grupo e ter nossas capacidades reconhecidas, ou seja, tudo o que depende de gente!

O que nos afasta de nossa vocação natural para servir é nos deixarmos engolir pela ditadura do sucesso, da qual já falei. A humanidade desanda quando acreditamos que para o outro ganhar nós temos de perder e nos deixamos levar pela competição sem cooperação, pela liderança sem inspiração e pela ambição sem compartilhamento.

O mundo seria um lugar bem melhor se todos nos ocupássemos de fazer o outro sorrir. Porque ter pessoas felizes por perto significa ter mais mãos estendidas para colaborar com nossos sonhos, e, assim, todos podemos crescer juntos.

A história de Itamar Azevedo demonstra o que acabo de dizer. Há treze anos, ele trabalha como garçom no hotel em que costumo me hospedar, em São Paulo.

O que o diferencia dos demais garçons que me atenderam no Brasil e no mundo é a satisfação genuína que ele manifesta ao servir os clientes.

Costumo chamá-lo de "dono do hotel", tamanha a preocupação que ele tem em agradar os hóspedes, chamando-os pelo nome e guardando na memória suas preferências. Sempre com um sorriso no rosto e uma sugestão apetitosa na ponta da língua, ele acaba me convencendo a burlar a dieta.

Durante uma temporada em São Paulo, dei por falta de Itamar no café da manhã. Seus colegas, então, explicaram que ele havia sido vítima de um acidente de trânsito e que tinha fraturado fêmur, bacia, costelas, além de sofrer traumatismo craniano e uma lesão na coluna.

Itamar poderia se chamar "Itaótimo", porque mesmo do pior momento de sua vida ele guarda boas recordações.

Ele contou que, durante os sete meses em que ficou afastado, muitos hóspedes do hotel foram visitá-lo e até deram a ele presentes em dinheiro, em reconhecimento à sua dedicação sem igual.

Itamar não reforçou o aspecto financeiro em seu relato, mas imagino que o gesto daqueles hóspedes o tenha ajudado a atravessar aquele período difícil.

Aposto que o garçom mais atencioso de São Paulo não é movido por outra recompensa que não a de ver o sorriso no rosto das pessoas que ele serve: "Minha missão é não deixar ninguém sair triste daqui", disse ele enquanto eu saboreava uma deliciosa tapioca com queijo *brie* e dizia adeus à dieta...

Não se esqueça de que para prosperar por meio de seu dom, você vai precisar desenvolver um amor genuíno pelas pessoas, como o que Itamar sente pelos seus hóspedes.

Esteja certo de que, quando sua principal recompensa for fazer as pessoas felizes, você vai ser recompensado também de outras formas: com elogios, dinheiro ou quem sabe com uma menção em um livro...

Pronto para ser feliz?

"Nosso cérebro é o melhor brinquedo
já criado: nele se encontram todos os segredos,
inclusive o da felicidade. A vida é maravilhosa
se você não tem medo dela."

(Charles Chaplin)

Como você chegou até aqui, já sabe que seu grau de felicidade está diretamente relacionado a:

- seu senso de valor individual;
- como você vê a vida;
- uma relação saudável com bens e pessoas;
- uma visão realista de si mesmo;
- uma definição pessoal do que é ser feliz;
- como você expressa a sua verdade;
- a sua vontade de superar desafios;
- o desejo legítimo de servir ao próximo.

Esteja preparado, pois você está prestes a ser feliz como nunca foi antes!

Seja livre

Agora que você já encontrou o caminho que o faz feliz, quero que não se perca dele por nada e que solte de uma vez as amarras da angústia.

Lembre-se de que a insatisfação é dominante nos dias de hoje e que sempre vai haver alguém tentando arrastá-lo para engrossar o time do baixo-astral.

Contudo, conservar um estado de satisfação elevado não vai exigir tanto esforço, se você conseguir se manter imune às investidas dos *viciados em reclamar*, dos *viciados em poder* e dos *viciados em metas.*

O segredo da felicidade sustentável é não deixar que nada nem ninguém interrompam o fluxo do seu dom na vida.

O segredo da felicidade sustentável é não deixar que nada nem ninguém interrompam o fluxo do seu dom na vida.

Por isso, quero compartilhar meu jeito de me blindar contra os três tipos tóxicos mais comuns do nosso tempo.

Os mimimi-maníacos

"[...] *podem surgir tempos difíceis pra nós,*
mas eu hei de estar cantando a plena voz
Viva você,
Viva nós, viva o dia
Viva viver [...]"

(*Viva*, Guilherme Arantes)

É bem melhor ver a vida com lentes coloridas, mas tem gente que ainda sofre por dar mais atenção para o que foge ao ideal do que para o que está dando certo na vida delas.

"Reclamões" compulsivos são pessoas que têm medo de ser felizes porque acreditam que cada momento bom vai cobrar um preço alto ou trazer uma surpresa desagradável em seguida.

O sujeito pode estar em uma cafeteria em Paris, numa tarde agradável de primavera, mas tudo o que ele consegue perceber é que o café chegou à mesa frio. Pior que um café frio é a amargura que o impede de se entregar ao melhor sabor de cada experiência, não é mesmo?

Pessoas negativas não são, necessariamente, pessoas do mal. São pessoas especialmente sensíveis a experiências ruins. Uma vez feito o registro, a mente de um pessimista passa a alertá-lo sobre qualquer semelhança entre as situações novas e as traumáticas que ele já viveu ou conheceu.

Esse mecanismo explica por que pessimistas parecem estar sempre armados e costumam fugir de situações desconhecidas; eles estão sempre preparados para lidar com pessoas e acontecimentos como se fossem um enxame de abelhas voando em sua direção.

O problema das pessoas que sempre esperam o pior é que elas reduzem suas expectativas a tal ponto que não lhes resta um único objetivo de vida estimulante. E você sabe que quem não tem objetivos que valham a pena não pode ver graça em viver.

Se você convive com um "reclamão de carteirinha", fique alerta para não se contagiar pelo mau humor dele e, se possível, inverta o jogo: procure fazer com que seu alto-astral o contagie!

Xô, nuvem negra!

Ao final de cada dia, anote cinco fatos pequenos, ou grandes acontecimentos, pelos quais você deve ser grato. Depois, leia sua lista antes de dormir e releia ao acordar pela manhã, no dia seguinte. Habitue-se a observar quantas coisas boas existem à sua volta.

E então... "Viva você, viva nós... Viva viver!"

O todo-poderoso da mamãe

"Há pessoas que amam o poder,
e outras que têm o poder de amar."

(Bob Marley)

O oposto das pessoas inseguras e com baixa autoestima são as pessoas excessivamente autoconfiantes, que vivem insatisfeitas porque acham que nada está à altura delas: o salário não corresponde ao talento que têm, os amigos não são tão bons quanto deveriam e os parceiros amorosos sempre deixam a desejar.

Estatisticamente, esse fenômeno acontece muito entre jovens que hoje têm entre 20 e 30 anos. Nascidos em uma época de expansão da prosperidade e de maior difusão das técnicas psicológicas para criar filhos, eles cresceram se sentindo especiais, independentemente de qualquer esforço que tenham de fazer.

Paul Harvey, da Universidade de New Hampshire, explica que eles são infelizes porque a visão inflada que têm de si mesmos, somada às expectativas irreais e à intolerância a críticas, se choca com as limitações da realidade, o que produz neles a frustração de não terem plenos poderes sobre tudo.

O que os viciados em poder não sabem é que primeiro vem o trabalho bem-feito, depois a satisfação interna por ter sido capaz de fazê-lo.

Se você se vir tentado a entrar numa competição com pessoas assim, lembre-se do que já aprendeu e analise friamente o que entrega para a vida em primeiro lugar, para que ela lhe devolva tudo isso – e, a partir daí, desenvolva as competências que faltam para alcançar o que falta.

Quando eu e meus irmãos, quando crianças, começávamos a "competir" durante as refeições, minha mãe "Glorinha", para dar um basta nas discussões, dizia:

– Coma e cale a boca!

Essa frase até hoje é lembrada por nós ao risos, pois, ainda que sem saber, ela nos ensinou a fazer nossa parte e deixar de lado a parte que cabia aos outros.

Aplauso-detox

Mover-se pela necessidade de aplauso é muito frustrante. Aplausos são apoteoses momentâneas que alimentam a vaidade.

A sua missão alimenta o coração e vai levá-lo a algo bem mais especial: um legado do qual se orgulhar.

Quando sentir que está competindo demais, tenha um gesto de nobreza e colabore mais com as pessoas, até mesmo com seu concorrente. Treine aplaudir os outros, em vez de procurar quem o aplauda.

Você vai se lembrar de que felicidade não é se sentir grande o tempo todo. Felicidade é sentir que você está crescendo a cada dia porque está melhorando a vida das pessoas, incluindo a do novo gestor que não vai com sua cara.

O colecionador de hora extra

"Retira o 'Eu' é o ego, depois retira o 'Quero' é o desejo. Agora observa... ficou só a felicidade."

(Siddhartha Gautama Buddha)

Uma armadilha contemporânea terrível, em que quase todos caem, é focar demais as metas e se esquecer de ser feliz.

Quando eu vendia seguros, lembro-me bem de como alguns funcionários do banco em que eu trabalhava brigavam por uma promoção. Alguns deixavam de almoçar para ter tempo de vender mais. Deixavam de cuidar de si mesmos, até mesmo de viver, para superar metas não só as próprias, mas principalmente as dos outros.

Alguns deles não sabiam que, após cada conquista, a sensação de vazio retorna ainda mais forte. É o ciclo da produtividade patológica: a felicidade volta a morar no futuro, no próximo resultado a ser perseguido.

> *Os viciados em metas se esquecem de que viver no "não agora" é prejudicial à saúde e aos relacionamentos. Eles dizem a si mesmos e à família que, após o próximo objetivo alcançado, eles vão sossegar, mas eu digo: não vão!*

Os viciados em metas se esquecem de que viver no "não agora" é prejudicial à saúde e aos relacionamentos. Eles dizem a si mesmos e à família que, depois do próximo objetivo alcançado, eles vão sossegar, mas eu digo: não vão!

No Japão, a obsessão pelas metas tem levado, a cada ano, cerca de 150 profissionais à morte por infarto ou AVC.

O fenômeno *karoshi* (*karo*: excesso de trabalho, e *shi*: morte) é decorrente da pressão para produzir que os japoneses vêm sofrendo desde a Segunda Guerra Mundial, quando se tornar uma potência passou a ser questão de honra para o país.

Bem mais felizes são os habitantes do Butão, país jovem e em desenvolvimento, em que se valorizam menos as conquistas e mais a satisfação pessoal.

Como medidas para garantir um ambiente propício ao bem-estar, o governo local instituiu o índice de Felicidade Interna Bruta, além de leis para manter boas condições de vida, como a que determina que 60% do território nacional seja composto por florestas.

Construa o seu mini-Butão

É possível que, depois de descobrir seu dom e de estabelecer um propósito de vida apaixonante, você tenha gana de tirar o atraso e queira trabalhar demais para seu sonho acontecer. Tenha cuidado, porém, para não atropelar as pessoas, a começar por você mesmo.

Uma maneira eficaz de respeitar seu ritmo e aceitar o tempo das coisas é usar a regra dos "60% de florestas".

Como no Butão, faça com que no território da sua agenda 60% do tempo seja dedicado a você e às pessoas que ama.

Aproveite esse tempo para cuidar da aparência, fazer atividades físicas, dedicar-se a um *hobby*, fazer algo por pura diversão, ir ao cinema, ler um romance, sair para jantar, passear em um parque, conhecer uma cidade próxima, enfim, tudo o que possa servir como um "respiro" no seu dia a dia.

Lembre-se: a felicidade não pode ser apenas seu destino final. Ela tem de ser sua companheira em toda a viagem!

Faça a mala de modo inteligente

Qualidade de vida é encontrar e permanecer na zona da justa medida entre ter demais e ter de menos.

Percebo dois comportamentos bem distintos nas pessoas que se preparam para viajar.

Alguns carregam coisas demais, mesmo sabendo que não vão ter oportunidade de usar tudo aquilo. Costumam ser pessoas inseguras, que preferem pagar caro pelo excesso de bagagem a sentir medo de passar necessidade ou privação. Olho para elas e tenho a impressão de que não são elas que possuem as coisas, e sim as coisas que as possuem, porque passam a viagem inteira arrastando verdadeiros trambolhos de um lado para o outro.

Em contrapartida, há gente que leva tão pouca coisa que chega a perder oportunidades de se divertir por não estar preparada para uma ocasião. São as pessoas muito desapegadas, que estabelecem um plano de viagem fechado, que não deixam margem às boas surpresas que podem se apresentar.

A sua vida é uma grande viagem e, para aproveitá-la, é preciso saber dosar a quantidade de segurança e de liberdade. Você precisa do básico garantido para poder curtir o lado bom da viagem, mas deve manter uma mão livre de bagagem para agarrar novas oportunidades de ser ainda mais feliz.

A guerra entre o desperdício e o desapego é uma questão tão importante que se tornou o cerne de um trabalho pioneiro em audiovisual que idealizei em 2009, e está em fase de finalização ainda em 2014. Se quiser saber mais, entre em contato comigo e terei muito prazer em falar desse trabalho.

Fique longe desses dois extremos modernos: o de querer ter tudo o que os outros têm e o de desmerecer o valor das coisas que fazem sua vida mais confortável.

Você não precisa ter mais

"Livre-se da sua bagagem. Simplesmente largue as malas. Imagine a liberdade que você sentirá. Só depende de você e isso pode acontecer hoje".

(Yehuda Berg)

Você assiste à televisão? Se a resposta é sim, já deve ter reparado na quantidade de propagandas, com *jingles* que grudam na memória feito chiclete e que associam marcas e produtos à oferta de felicidade.

Mais ainda: que associam marcas e produtos à oferta de amor, sucesso, paixão, aventura, exclusividade – e todas as possíveis nuances que uma experiência feliz pode assumir.

Sem dúvida, o conforto propiciado pelo que se pode comprar é um elemento importante na percepção de bem-

-estar, e este é um dos critérios que definem se uma pessoa é ou não feliz.

No entanto, é preciso ter cautela para não se encher de bens que você não consegue administrar e que incham sua vida de tal maneira que não sobra tempo nem energia para se dedicar ao seu dom.

Há muitos anos, eu vivia reclamando que os táxis sumiam quando eu mais precisava, até que na época uma amiga, Sueli Bombieri, editora de moda de uma das mais prestigiadas revistas do país, chamou minha atenção para o fato de que possuir um carro significava ter liberdade para ir e vir.

Economizei, deixei de comprar roupas que eu queria e consegui comprar meu primeiro carro. Entre um modelo básico novo e um usado, fiquei com o segundo por ser mais potente para dirigir sete horas até Carangola, mesmo não gostando da cor.

No começo, eu até me sentia mais poderosa dentro dele. Com o tempo, porém, dirigir foi se tornando menos excitante, até se tornar uma atividade banal e, depois, um tremendo aborrecimento.

Acabei me desligando daquele carro de tal maneira, que acreditei cegamente quando me disseram que eu não poderia dirigir por cinco anos porque um amigo a quem eu emprestei o veículo havia cometido uma infração de trânsito por excesso de velocidade.

Hoje, avaliando esse episódio, vejo que aprendi duas lições. A primeira é jamais acreditar em alguém cegamente. Confie, porém sempre confirme as informações antes de desistir de "dirigir" a própria vida. A segunda – e mais importante – é que máquinas não têm o poder de libertar ninguém. A liberdade, tal como a felicidade, é uma conquista interna.

Não tenho nada contra a ambição saudável, mas é preciso se manter no seu eixo de força para não se deixar levar pela tendência que muitas pessoas têm de procurar alegria nas gôndolas das lojas.

A escritora e amiga Danuza Leão é um exemplo de como uma mulher antenada pode manter a elegância, cultivando um estilo de vida despojado, mas não menos interessante.

Depois de ter sido casada com um dos homens mais influentes do país, de frequentar as altas rodas da sociedade brasileira e do *jet set* internacional, Danuza aprendeu a valorizar a liberdade de viver sem excessos, como diz em *É tudo tão simples*: "Andei pensando nessa história de simplificar, e vejo que passei a primeira metade da minha vida querendo ter as coisas – todas as coisas – e estou passando a segunda metade querendo me desfazer das coisas, e ficar apenas com o essencial".

Como Danuza, muita gente já percebeu que priorizar atividades, experiências e pessoas é o que faz seu dia mais feliz.

Para o economista Robert Frank, em seu livro *Luxury Fever*, de 1999, o consumo que nos satisfaz verdadeiramente não é o que tem por finalidade melhorar o *status*, mas sim aquele que preenche o vazio existencial.

O que preenche esse vazio são os momentos em que você ama e se sente amado, em que é reconhecido pelo seu dom e em que sente que pertence a um grupo de pessoas interessantes.

Faça uma lista de coisas boas que o dinheiro não pode comprar e você vai ver que o que estou dizendo é verdade.

Na internet circula este texto de autoria desconhecida:

> Com Dinheiro pode-se comprar uma casa, mas não um lar.
>
> Com Dinheiro pode-se comprar uma cama, mas não o sono.
>
> Com Dinheiro pode-se comprar um relógio, mas não o tempo.
>
> Com Dinheiro pode-se comprar um livro, mas não o conhecimento.
>
> Com Dinheiro pode-se comprar comida, mas não o apetite.
>
> Com Dinheiro pode-se comprar posição, mas não respeito.
>
> Com Dinheiro pode-se comprar sangue, mas não a vida.
>
> Com Dinheiro pode-se comprar remédios, mas não a saúde.
>
> Com Dinheiro pode-se comprar sexo, mas não o amor.
>
> Com Dinheiro pode-se comprar pessoas, mas não amigos.

Uma boa dica (e que eu mesma preciso seguir urgentemente!) para cortar as gorduras da sua vida é adotar o seguinte critério: mantenha em seu poder apenas o que você adora!

Dê uma volta pela casa e faça um inventário de todas as coisas que não têm lugar para ficar e que a deixam sempre desorganizada – e como consequência, deixam sua mente desorganizada também:

- O que você não usa há mais de um ano?
- O que há tempos não serve mais, mas você guarda por dó de se desfazer?
- O que está lascado, enferrujado, sem conserto ou sem utilidade?

Se estiver em dúvida sobre o que deve ficar ou sair, responda a si mesmo com total honestidade:

- Eu adoro ou realmente preciso deste item?

Agora expanda o raciocínio para a casa da sua alma:

- A que compromissos você vai sempre a contragosto ou para agradar alguém?
- Que pessoas você recebe em sua casa e que, quando saem, deixam uma sensação ruim?
- Quanto tempo você gasta com informação, literatura, programa de televisão que poluem sua mente e não fazem você se sentir melhor?

Tudo isso é excesso, livre-se dele o mais rapidamente possível e deixe espaço para o novo chegar e trazer o bem-estar que você merece.

Para que ir a festas às quais não quer ir, atender chamadas de pessoas que o colocam para baixo ou beber sem vontade apenas para "socializar"?

Mais vale criar oportunidades de sentir alegria com o que está ao seu alcance: que tal chamar aquela amiga sincera e divertida para cozinharem juntos ouvindo boa música? Ou então simplesmente sair daquela festa quando estiver cansado, sem sentir medo de ser chamado de chato? E ainda mais: pedir ao seu filho que lhe ensine alguma brincadeira que você não aprendeu ou "desaprendeu"?

Mostre às pessoas que o cercam que a felicidade está muito mais em ter momentos de prazer autêntico do que em colecionar bens materiais.

Você não precisa ter menos

"A felicidade é uma estação intermediária entre a carência e o excesso."

(Henrik Ibsen)

Você já se flagrou dizendo ou pensando que ter dinheiro pode não ser bom ou até mesmo perigoso? Não caia nessa roubada! (Perdão pelo trocadilho ruim…)

Nossa cultura costuma propagar que o dinheiro é a raiz de todos os males, que é o culpado pela solidão da empresária, que é o que torna o milionário cruel com seus subordinados, que destrói famílias, derruba governos e motiva crimes hediondos.

A verdade é que o dinheiro em si não é bom nem mau; ele é neutro, portanto só pode ter o poder que damos a ele.

A verdade é que o dinheiro em si não é bom nem mau; ele é neutro, portanto só pode ter o poder que damos a ele.

A ideia distorcida de que dinheiro e felicidade não podem andar juntos tem feito muita gente sofrer desnecessariamente. Tenho visto pessoas levarem ao extremo o *slogan* minimalista "menos é mais", acreditando que o desapego é o único caminho para a realização pessoal.

O que essas pessoas não perceberam ainda é que privação não é garantia de uma vida feliz. Quem disse que é preciso fazer voto de pobreza para se manter fiel à sua essência?

Um amigo cineasta contou que, depois de uma decepção amorosa, ele resolveu se desfazer de tudo – móveis, carro, obras de arte – e partiu para um ano sabático viajando pelo Oriente.

– Que tal a experiência? – perguntei, esperando que ele respondesse que havia sido um êxtase.

– Uma droga – disse taxativamente. – Enquanto estava viajando com uma mochila nas costas estava tudo bem, mas quando voltei para São Paulo me dei conta de que tinha me precipitado. Não precisava ter me desfeito dos discos que gostava de ouvir, dos livros que me acompanharam em momentos difíceis nem dos quadros que ganhei de pessoas importantes para mim.

O que meu amigo aprendeu é que praticar o desapego não significa viver como um monge. Trata-se de simplificar a vida, torná-la mais prática e com isso criar espaços vazios, onde a criatividade e a felicidade possam fluir sem barreiras. Desapego é se desapegar do que é excesso.

Quero que você tenha em mente que o dinheiro pode, sim, trazer a felicidade, principalmente quando é compartilhado, como comprovou um estudo feito pelas Universidades de Columbia e Harvard em 2009, divulgado pela revista *Science*.[4]

Segundo os psicólogos que conduziram a pesquisa, as pessoas que presenteiam e fazem doações são mais felizes do que aquelas que gastam apenas com elas mesmas.

J. K. Rowling deve saber disso. A autora do fenômeno Harry Potter doa tanto dinheiro para caridade (aproximadamente 160 milhões de libras até 2013, segundo o *Huffington Post*), que perdeu o *status* de bilionária por causa disso. Para ela, ajudar a melhorar a vida de jovens carentes e pessoas doentes é bem mais gratificante que figurar na lista dos mais ricos do mundo da revista *Forbes*. Melhor ainda que somente ajudar financeiramente é praticar a caridade indo "ver com os próprios olhos" as pessoas que necessitam dela. Experimente visitar um asilo, por exemplo.

Concordo com um princípio da Cabala que prega que podemos querer todo o dinheiro do mundo; o que não podemos é deixar de compartilhar.

---

[4] Disponível em inglês no link: <http://www.sciencemag.org/content/319/5870/1687.short>.

De acordo com essa ciência milenar, dinheiro nada mais é que uma manifestação de energia e, como tal, precisa ser posta em movimento porque, quanto mais ele circula, mais gente ele atinge e mais depressa você consegue multiplicá-lo.

Nesse aspecto, o dinheiro tem muito a ver com o dom: uma dádiva que não deve ficar escondida e que precisa ser compartilhada para fazer mais pessoas felizes! Aliás, não é à toa que, nos tempos bíblicos, as moedas eram chamadas de *talento*.

Aceite que não é errado gostar de ganhar dinheiro porque o maior poder que ele nos dá é a capacidade de expandir seus benefícios às pessoas que amamos.

Para mim, dinheiro traz, sim, muita felicidade – ele possibilita experiências, oportunidades e momentos de pura alegria.

Aceite que não é errado gostar de ganhar dinheiro porque o maior poder que ele nos dá é a capacidade de expandir seus benefícios às pessoas que amamos.

Cultive uma relação sábia com o dinheiro e esqueça que ele existe!

Todo dia é dia de ser feliz

Algumas atitudes, quando transformadas em hábitos, complementam nossa felicidade. Elas fazem do nosso dia a dia uma festa e da nossa trajetória um exemplo a ser seguido.

As cerejas (as de verdade, não as feitas de chuchu) do bolo da sua vida são o *perdão*, a *fé* e o *sorriso*. Essas são as três competências das pessoas que aproveitam o melhor da vida, a cada dia.

Perdão

Perdoar não é apenas um gesto nobre; é também um fator de produtividade. Muitas pessoas não conseguem realizar seu dom a contento porque ainda perseguem metas que as prendem ao passado.

Elas dedicam tanta energia a provar alguma coisa a alguém que não sobra fôlego para o que é importante para a felicidade delas.

Sei que não é fácil esquecer o mal que nos fizeram, da noite para o dia, mas quem disse que você precisa esquecer tudo de repente para se sentir mais leve?

Basta que você se comprometa a se deixar afetar hoje menos que ontem, por um mal antigo.

Use a escala a seguir como referência para guiá-lo na experiência de perdoar:

Ódio - mágoa - ressentimento - pena de si mesmo - desculpa - esquecimento.

Tenho certeza de que um dia você vai acordar e perceber que se libertou dessa bola de ferro amarrada ao seu tornozelo, que é o rancor.

Fé

Fé é a certeza de que o intangível existe. Mesmo as pessoas mais materialistas possuem fé em algum nível.

Toda vez que você vai dormir e separa a roupa que vai usar para trabalhar no dia seguinte, isso é um ato de fé: fé em que estará vivo, que o despertador vai tocar, que vai acordar bem-disposto, que o elevador vai funcionar bem, que seu carro vai pegar na primeira, e assim por diante...

As pessoas que possuem uma fé espiritual desenvolvida tendem a ser mais felizes que aquelas que não acreditam em nada, porque o otimismo as ajuda a superar crises com mais facilidade.

Além disso, algumas práticas espirituais costumam ser feitas em comunidade, o que reforça o senso de pertencimento.

É importante ressaltar que a espiritualidade não precisa estar canalizada para nenhuma religião específica para surtir efeito positivo sobre seu estado emocional.

Ao contrário, pessoas fanáticas e fundamentalistas tendem a ser menos felizes porque, para elas, o mais importante é ter razão e convencer os outros de seu ponto de vista, nem que para isso seja preciso desqualificar a crença alheia.

A espiritualidade deve se manifestar de maneira muito pessoal na sua vida, por isso pesquise até encontrar o que faz sentido para você:

- meditar;
- ler salmos;
- entoar mantras;
- frequentar uma igreja;
- inventar a própria maneira de se religar com uma instância superior, qualquer que seja o nome que você acredite que ela tenha.

Sorriso

Estima-se que os bebês sorriem em média quatrocentas vezes por dia, enquanto os adultos sorriem apenas quinze vezes, em um dia bom. Parece até que crescer é se tornar rabugento!

Quando foi a última vez que sorriu? E quando foi a última vez que riu até ficar com a barriga doendo? Faz tempo? Se sim, acredite que sempre é tempo de corrigir essa injustiça que você vem praticando contra si mesmo.

Se alguém disser que anda meio carrancudo, tudo o que tem a fazer é digitar as palavras "bebê rindo" no campo de pesquisa do seu site de busca preferido e vários vídeos com bebês fofinhos gargalhando aos borbotões vão resolver seu problema.

É impossível ver um bebê sorrir e não sorrir também, não é mesmo?

Só não me diga que você reprime a vontade de sorrir para parecer mais sério...

Hahaha! Mas que grande piada!

Você sabia que as pessoas que sorriem são consideradas mais confiáveis do que aquelas que vivem de cara amarrada?

Foi o que demonstrou um estudo feito em 2013 pelo *Journal of Economic Psychology*, em que os participantes afirmaram estar 10% mais propensos a confiar nas pessoas quando elas sorriem.[5]

Entretanto, não precisei chegar a ler esse estudo para aprender isso. Minha sorte foi ter nascido filha do senhor Carlinhos, a quem todos se referem como uma das pessoas mais alegres que conhecem.

Se você quer que façam parte dos seus planos pessoas que vão confiar em você, deixe de acanhamento e simplesmente sorria. Porque, além de fazer bem aos relacionamentos e aos negócios, sorrir é delicioso!

Valorize o que tem valor

Entre erros e acertos, sou uma pessoa feliz porque realizo o maior dom que a mim poderia ter sido confiado: o dom de ser mãe de uma pequena grande mulher.

Se Gisele Bündchen inspirou o conceito de *über model* por chegar tão perto da excelência na profissão, eu gostaria

[5] Disponível em inglês no link: <http://paulseabright.com/wp-content/uploads/2013/10/SmilesEHBEmpiricalPaper16October2013.pdf>.

de poder ser uma *über* mãe e de ter a certeza de nunca tropeçar na passarela do ofício sagrado que é o de criar uma filha para o mundo.

Há quem diga que às vezes eu sou dura com a Lara, mas tenho certeza de que um dia, bem lá na frente, quando estiver bem velhinha ou tiver deixado o plano terrestre, não vai ser dos elogios que eu fiz de que ela vai se lembrar, e sim das broncas que eu dei.

Sejamos honestos. Quantas professoras boazinhas e permissivas você teve? Você se recorda bem delas? Lembra-se dos nomes delas? Ou é das professoras exigentes e duronas cujo nome, penteado e perfume você jamais se esquece?

É fato. Todos nós guardamos na memória um lugar especial para aquelas pessoas que exigem mais de nós, ainda que em princípio elas pareçam irritantes.

Porque, ao nos cobrar uma nota mais alta, uma letra mais bonita ou um projeto mais bem acabado, essas pessoas estão nos dizendo: "Eu confio em você! Eu enxergo seu dom e acredito no seu potencial!".

É por essa razão que entre passar a mão na cabeça da minha filha e dar-lhe um "prest'enção" – que é o jeito mineiro de chamar uma boa bronca –, eu fico com a segunda opção. Exatamente como aconteceu em dezembro de 2007.

Fazia um calor de derreter asfalto nas ruas do centro de Juiz de Fora, e as pessoas se atropelavam com suas sacolas de compras de Natal.

Dentro de uma loja de brinquedos, homens e mulheres se apinhavam e até se acotovelavam na disputa pelo último exemplar de um pião eletrônico ou de uma boneca que cantava. Minha missão ali era comprar a primeira bicicleta da minha filha.

Lara tinha 7 anos – a idade em que as crianças se tornam verdadeiramente aptas a pedalar e, não por acaso, a idade em que os dons começam a despontar – e ela havia se comportado bem durante o ano, tanto em casa como na escola.

Em meio à confusão de pessoas, caixas e sacolas, encontrei uma bicicleta cor-de-rosa, muito bonita e do tamanho perfeito para minha menina. Contudo, minha intuição de mãe farejou que eu teria problemas, afinal eu sabia que o sonho da Lara era uma bicicleta lilás.

Busquei um canto menos tumultuado e liguei para a casa dos meus pais:

– Mãe, eu quero falar com a Lara.

Minha mãe foi chamá-la e eu, temerosa, comuniquei:

– Lara, achei sua bicicleta. É a última da loja. Ela é linda, filha, a sua cara, só que não é lilás.

– Mas, mãe, eu disse que eu queria uma bicicleta lilás, igual à da minha amiga!

– Filha, não tem jeito. Tem de ser essa bicicleta, eu não vou encontrar outra até o Natal.

– Como não, mãe? As mães de todas as minhas amigas acharam a bicicleta lilás, só você que não! Li-lás, eu quero a li-lás!

Ao escutar aquilo, minha vista escureceu de atordoada que fiquei, senti as pernas bambearem. Exagero de mãe, não foi tanto assim... Mas que o sangue subiu à cabeça, isso subiu.

Naquele momento, comecei a chorar e a me questionar se tudo o que eu havia feito pela minha filha, desde que saí de Carangola, teria se convertido em uma grande armadilha. Não, decididamente eu não havia vencido na vida para criar uma menina mimada e sem limites.

– Em casa nós conversamos.

Foi o que consegui dizer antes de desligar o telefone e de ser interrompida por aquele transe nervoso do vendedor:

– Vai a bicicletinha rosa, moça?

– Hoje não – respondi e deixei a loja.

Passada a raiva e ao chegar em casa – de mãos vazias – chamei Lara para uma conversa:

– Filha, estou muito triste com seu comportamento. Você nunca foi uma criança chiliquenta... O que aconteceu com você?

– Ah, mãe, eu só queria a bicicleta lilás... – respondeu de cabecinha baixa.

– Olhe nos meus olhos, Lara. Eu sempre fiz suas vontades e agora eu me dei conta de que isso é muito errado. Você sabia que um pouco maior que você eu já pregava botão na confecção dos seus avós? Eu tinha vergonha de ver meus pais precisando de dinheiro e ficar ouvindo rádio o dia inteiro. Quando eu fiquei mocinha, eu mesma comprava meu hidratante e minha revista *Carícia* com meu próprio dinheiro. E eu fico pensando: que tipo de adolescente você vai ser se continuar mimada desse jeito?

– Desculpa, mãe. É que faz tempo que eu sonho com uma bicicleta lilás...

– Lara, minha filha, o que importa se a bicicleta é lilás, rosa, vermelha ou azul? Você sabia que o primeiro carro que eu tive era de uma cor que eu odiava?

– Verdade, mãe? – perguntou arregalando os olhos de curiosidade.

– Sim, meu dinheiro dava para um carro novo e de uma cor que eu gostava ou então para um carro usado, cinza, que eu detesto, mas mais potente. Você sabe por que eu escolhi um carro mais potente?

– Por quê, mãe?

– Para chegar mais depressa quando viesse visitar você a cada quinze dias, Lara.

Ela baixou os olhos e ficou em silêncio. Parecia verdadeiramente arrependida, mas eu estava decidida a dar uma lição a minha filha e não ia retroceder.

– O seu comportamento me fez ver que você está pronta para pedalar, mas não para ter uma bicicleta – prossegui. – Você não vai ganhar bicicleta nenhuma neste Natal.

Não foi nada fácil proferir essa sentença e ver aqueles olhinhos de amêndoas doces se encherem d'água, mas eu precisava ser firme. A lição não acabaria aí.

– Você está sendo castigada para aprender que existem coisas muito mais importantes na vida que a cor de uma bicicleta. Amanhã bem cedo nós vamos a um lugar muito especial e você vai entender o que eu quero ensinar a você.

Levantei-me na manhã seguinte e a Lara já estava em pé, de banho tomado, arrumadinha como para ir a uma festa. Ela deve ter pensado que o "lugar muito especial" era algum tipo de shopping e pareceu um pouco decepcionada quando me viu parar o carro em frente a uma casa antiga comum.

A decepção deu lugar ao pavor quando percebeu que se tratava do orfanato da cidade. As meninas do Instituto São José aguardavam ansiosas a nossa visita.

– Lara, eu trouxe você aqui para conhecer meninas que não têm bicicleta; algumas delas não sabem nem o que é amor de mãe. Vamos entrar, filha. – Estendi a mão para ela, que a apertou com força.

Sempre digo que castigo não é o que você faz, mas o que a criança entende que você fez e eu posso dizer que o castigo, no entendimento da Lara, acabou no exato instante em que ela viu aquelas vinte meninas falantes e risonhas sentadas à mesa do refeitório.

– Vocês sabem por que eu estou aqui? – perguntei às meninas.

– Não! – responderam em coro.

– Por que você veio aqui, tia? – perguntou a mais atirada.

– Eu vim aqui porque a Lara agiu como uma menina mimada e perdeu o presente de Natal dela. E com o dinheiro da bicicleta que ela ia ganhar, ela vai comprar presentes para vocês.

A euforia tomou conta do lugar. Lara sacou um caderninho e um lápis da mochila e começou a seguir minhas instruções:

– Lara, você vai perguntar a cada uma o nome, a idade, o que ela quer ganhar e o que ela quer ser quando crescer.

Com ares de gente grande e caligrafia de primeira série, Lara ia anotando tudo: Lívia, de 12 anos, que queria se tornar manicure, pediu um *kit* para unhas; Mariana, que sonhava em ser lixeira para poder andar pela cidade pendurada no caminhão e parar nas casas para tomar café, queria um par de óculos de sol branco como o meu; Yasmin, que queria ser cantora, sonhava em ganhar um brinco de estrela igual ao meu, e assim por diante.

A bem da verdade, o castigo tinha se transformado em um grande barato!

Naquela mesma tarde, fomos ao centro da cidade comprar os presentes. É claro que o valor ultrapassou em muito o de uma bicicleta, mas Lara se sentiu importante por acreditar que ia custear o Natal daquelas meninas.

Voltamos para casa carregadas, cansadas e felizes.

À noite, deitadas na cama, conversamos sobre aquele dia intenso. Lara se mostrou impressionada com a história de uma garotinha que tinha sequelas de ingestão de álcool.

No primeiro ano de vida, a mãe dela, por descuido, em vez de dar-lhe água com açúcar, deu a cachaça que iria tomar.

– Mãe, é verdade aquilo, daquela menina? A cachaça...

– Sim, Lara, é verdade. As mães nem sempre acertam. Na verdade, às vezes as mães erram muito.

– Que triste...

– Eu só quero que você entenda uma coisa. Um chiliquezinho é como um golinho de cachaça. Um só parece que não vai fazer mal, que vai ajudar você a conseguir o que quer, mas, de manha em manha, você se torna uma menina chata. Eu te amo muito e quero que entre nós só existam compreensão e carinho.

– Eu entendi, mãe. Nunca mais vou fazer manha. Eu também te amo.

Dormimos de mãos dadas e posso dizer que, depois daquele dia, a sintonia entre mim e ela ficou ainda melhor.

Lara ainda se comportou como uma menina mimada algumas vezes. Entretanto, garanto que irá se comportar cada vez com menos intensidade dessa forma. Hoje é uma adolescente mais consciente e prestativa. Nas últimas férias em Minas Gerais, ajudou a tia Patrícia a lavar o banheiro e, na volta às aulas, fez questão de pagar os livros com as sobras de um cachê que tinha guardado.

Antes que eu me esqueça: no ano seguinte ao da visita ao orfanato, Lara enfim ganhou sua bicicleta e ela era rosa, branca e florida; um Carnaval só...

Foi maravilhoso poder acompanhar o progresso dela sobre duas rodas.

Vê-la ensaiar as primeiras pedaladas com as rodinhas auxiliares e, depois, mais confiante, retirar uma delas, até poder andar sem as duas.

Vez ou outra, quando queria vacilar e a bicicleta começava a tremer, eu gritava:

– Vai! Anda! Olha pra frente!

Ela então recobrava a confiança em si mesma e pedalava veloz, cada vez para mais longe...

É isso o que acontece quando uma pessoa desperta para seu dom: seu destino é crescer em segurança, porém sem amarras.

Minha intenção com cada lição, passeio na praia, bronca, sorvete no fim da tarde e principalmente com este livro é que ela – e você também – volte o olhar para o que importa de verdade.

Porque sucesso não é ser convidado para as festas nas boates mais badaladas. Sucesso é ser aguardado com ansiedade no aconchego da sua casa.

Quero que você sinta, como eu sinto hoje, que ser forte não é ser musculoso e bom de briga, mas é ser como as mulheres fortes da minha família. Como minha mãe Glorinha, com as mãos calejadas de tanto costurar. Como minha avó Ladir, que, mesmo com uma ferida na perna que não cicatriza nunca, até hoje não deixa de sair para dançar forró toda arrumadinha.

Por fim, quero que você reconheça que ser feliz não é arreganhar um sorriso branqueado a *laser* quando uma câmera aponta na sua direção. Ser feliz é a gargalhada banguela que um menino dá quando escuta os causos que seu pai conta nas noites de luz cortada, na varanda.

Ser feliz é crescer e continuar rindo, sem dar bola para os momentos de escuridão.

Felicidade não é comprar o melhor, é dar o seu melhor. Ou como disse Vovó Maria, "a felicidade não é do compradô, é do fazedô".

Quero que todas as Laras do mundo saibam que não existe dom maior do que o de honrar o que você recebeu de bom dos seus pais e transmitir isso aos seus filhos, sejam eles naturais, de criação ou de profissão, até que eles estejam prontos para pedalar sem rodinhas.

Meu desejo mais sincero é que, a partir da leitura deste livro, você tenha começado a mais emocionante jornada da sua vida. Estou certa de que, ao chegar até aqui, você não está apto apenas a pedalar, mas a conduzir sua vida rumo à felicidade sem limites.

E se há algo que eu ainda devo lhe dizer é que não vacile jamais, porque seu corpo e sua alma vão para onde seus olhos apontam. Então...

– Vai! Anda! Olha pra frente!

Caderno de Anotações

Lembre-se, algumas perguntas que você não pode deixar de responder.

Sobre a sua felicidade agora

- Como tem se sentido no meio de pessoas alegres?

___

- Como o humor das pessoas tem afetado você?

___

- Você passa a maior parte do tempo cercado de pessoas de bem com a vida ou perto de pessoas ranzinzas?

___

- Contra qual pessoa mal-humorada você pode se blindar?

___

- De qual pessoa de bem com a vida você pode se aproximar?

____

Sobre a sua vida

- O que realmente importa para mim?

____

- Em que situações me sinto mais feliz?

____

- Quanto tempo gasto com o que importa para mim?

____

- Invisto energia no que me satisfaz de verdade?

____

Sobre os seus sonhos

- Onde você quer estar daqui a cinco anos?

____

- Como você quer acordar todos os dias?

____

- Como será um dia típico da sua nova vida a partir de agora?

____